Padre Marcelo Rossi

HELOISA MARRA

Padre Marcelo Rossi
uma vida dedicada a Deus

1ª edição

Rio de Janeiro | 2015

CIP-BRASIL. CATALOGAÇÃO NA FONTE
SINDICATO NACIONAL DOS EDITORES DE LIVROS, RJ.

M322p Marra, Heloisa, 1954-
Padre Marcelo Rossi: Uma vida dedicada a Deus / Heloisa Marra.
- 1ª ed. - Rio de Janeiro: Best*Seller*, 2015.

ISBN 978-85-7684-951-3

1. Rossi, Marcelo, Padre. 2. Padres - Brasil - Biografia. 3. Igreja Católica. I. Título.

15-26146

CDD: 232.91
CDU: 232.931

Texto revisado segundo o novo Acordo Ortográfico da Língua Portuguesa.

Título
PADRE MARCELO ROSSI: UMA VIDA DEDICADA A DEUS
Copyright © 2015 by Heloisa Marra

Imagem de capa: Victor Moriyama / Folhapress

Todos os direitos reservados. Proibida a reprodução,
no todo ou em parte, sem autorização prévia por escrito da editora,
sejam quais forem os meios empregados.

Direitos exclusivos de publicação em língua portuguesa para o mundo
reservados pela
EDITORA BEST SELLER LTDA.
Rua Argentina, 171, parte, São Cristóvão
Rio de Janeiro, RJ - 20921-380
que se reserva a propriedade literária desta tradução

Impresso no Brasil

ISBN 978-85-7684-951-3

Seja um leitor preferencial Record.
Cadastre-se e receba informações sobre nossos lançamentos e nossas promoções.

Atendimento e venda direta ao leitor
mdireto@record.com.br ou (21) 2585-2002

SUMÁRIO

Introdução: Rádio-altar   7

Um evangelizador em campo   9
Marcelão   18
Uma profecia se realiza   30
Carisma   41
Curai-me, Senhor Jesus   49
O comunicador   57
"Eu sou um ser humano"   68
Orar e escrever salvam   81
Erguei as mãos: onde tudo começou   96
"Padre, falta o cinema!"   109
A paz em rede e em família   120
O Templo   127
A inspiração que veio do Vaticano   137
Todo mundo merece uma segunda chance   151
O plano de Deus   156

INTRODUÇÃO: RÁDIO-ALTAR

No altar montado com várias imagens de Nossa Senhora, um rádio. Foi esse meu primeiro contato com o padre Marcelo Rossi. No rádio-altar, onde todos os dias, religiosamente, minha mãe ouve o seu programa *Momento de fé*. Um dos maiores fenômenos de comunicação da igreja católica me pegou em cheio, dentro de casa, sem que eu percebesse, despertando minha curiosidade.

Perguntei à minha mãe, que é professora e foi educada em colégio religioso, por que o padre chamara tanto sua atenção. Ela não falou de nenhum milagre. Simplesmente disse: "porque pela primeira vez vi alguém falando de religião de forma completamente diferente, sem preconceitos e a ideia de pecado." Dona Gilda foi minha primeira e paciente leitora.

Escrever sobre o padre Marcelo Rossi me fez voltar às orações e às histórias de santos e santas que ouvi e aprendi quando criança. É essa viagem à fé singela da infância que fazemos ao assistir a *Maria, mãe do filho de Deus*, um filme bíblico com gosto de alfenim, dirigido por Moacyr Góes.

Foi divertido ir a Santo André e descobrir, nas lembranças dos alunos e professores de sua turma de educação física da Fefisa, o Marcelão, uma figura querida dos colegas, que chamava atenção pelo tamanho mas ao mesmo tempo fazia questão de se esconder a ponto de não existir nenhuma foto dele em primeiro plano junto com o grupo.

Assisti pela primeira vez a uma de suas celebrações, num domingo, às 8h45, e me senti acolhida pela atmosfera de Theotókos, Mãe de Deus. O arquiteto Ruy Ohtake me contou que projetou o espaço para ser um lugar de reflexão, meditação e oração. Mais tarde, quando visitei a Igreja do Perpétuo Socorro e Santa Rosália, em Vila Mascote, primeira paróquia do padre Marcelo em meados da década de 1990, fui aconselhada a ir à missa de quinta-feira à noite em Theotókos.

Nela o termo "missa de cura e libertação" encontra seu sentido pleno quando o padre percorre toda a volta do templo com a silhueta curvada pelo peso do Santíssimo na igreja de luzes apagadas e à luz das velas dos fiéis.

As razões que levaram Marcelo Rossi a entrar para o seminário, a origem da coreografia nas missas, a previsão de uma tia sobre seu sacerdócio, o depoimento de amigos como o técnico Tite e o cantor Belo. O livro conta a história desse sacerdote corajoso e humilde o bastante para se confessar humano, corintiano doente, apaixonado por música, futebol e pela árdua tarefa de trazer um número cada vez maior de fiéis de volta à igreja católica.

Heloisa Marra

UM EVANGELIZADOR EM CAMPO

Pernas jogadas no sofá, olhos fixos na revista, ele tentava encontrar as letras certas. Razoavelmente bom em palavras cruzadas, travara. O apartamento de classe média, normalmente animado pelas irmãs Marta e Mônica, naquele dia estava ainda mais barulhento. Um milhão de vozes teimavam em atravessar os vidros das janelas, fechadas para barrar o frio do inverno paulistano.

"João, João, João, o papa é nosso irmão!" O refrão ecoava cada vez mais alto na manhã gelada de quinta-feira, 3 de julho de 1980. Na véspera, desde o início da noite, famílias já acampavam para garantir o melhor lugar na cerimônia em homenagem ao papa. Acostumado ao ruído de eventos e manifestações no Campo de Marte, Marcelo, com a típica introspecção de muitos adolescentes de 13 anos, continuou alheio ao mundo lá fora, que recebia pela primeira vez João Paulo II.

Tempos depois, esse mesmo menino se inspiraria em João Paulo II para se tornar o padre Marcelo Mendonça Rossi, um dos mais eficientes comunicadores da Igreja Católica no Brasil. Da primeira visita de João Paulo II, ele se lembra: "Bastava abrir a janela para ver o papa, mas eu fiquei fazendo palavras cruzadas."

SETENTA MIL CATÓLICOS NO ESTÁDIO DO MORUMBI

Quase 17 anos mais tarde, ao som de violões e guitarras, uma multidão de mais de setenta mil pessoas se reuniu no Estádio do Morumbi, em São Paulo, para uma oração dançante. Era 2 de novembro de 1997. O evento: "Sou feliz por ser católico". No palco, um jovem padre concentrava as atenções. Apesar da batina, a agilidade era a de um atleta. A devoção era a de um homem de Deus, capaz de sentir muitos corações batendo em sintonia com o seu. O contraste funcionava como ímã, atraindo os fiéis, contagiados pela alegria da celebração.

"Quem já viu a eletricidade? Ninguém viu, mas ela existe. É como Deus. Nós não vemos, mas ele é real." Substituindo frases difíceis por palavras e imagens simples, o padre Marcelo Rossi falou como um amigo, tocando em problemas que acontecem com gente comum.

Olhos verdes, 1,95m, ajoelhou-se em oração. "Sinto que alguém aqui usa um colete porque tem problemas entre a quarta e a quinta vértebras da coluna", disse, pedindo aos que sofriam desse mal que batessem palmas. Elas ecoaram pelo estádio enquanto ele continuava: "Jesus está trabalhando na sua coluna para curá-la!"

O Morumbi foi pequeno para o número de fiéis. Trinta mil ficaram do lado de fora por motivo de segurança, mas não arredaram pé. Continuaram acompanhando cada minuto do que acontecia. Na hora da Bênção do Santíssimo, contrariando a segurança, o padre fez questão de sair do estádio para abençoar os que não haviam conseguido entrar.

Diante da massa rezando no estádio do Morumbi, ele dava o primeiro passo para cumprir uma promessa feita pouco mais de um mês antes, no Rio de Janeiro, quando João Paulo II recebera trezentos sacerdotes no Segundo Encontro Mundial do Papa com as Famílias, no Riocentro. Naquele 5 de outubro de 1997, o papa das multidões celebrara uma missa para dois milhões de pessoas no Aterro do Flamengo. Dessa vez, Marcelo Rossi estava lá, atento a cada detalhe.

APENAS UMA OVELHA ESTÁ NA IGREJA

O convite para encontrar João Paulo II no Riocentro permanece tão guardado quanto as palavras ditas pelo papa. O sumo pontífice chamou a atenção dos padres para as vésperas de um novo milênio. Uma era de missas cada vez mais esvaziadas e de pessoas que, apesar de se declararem católicas, não praticavam os preceitos da religião. João Paulo II advertiu: apenas uma ovelha se encontrava na igreja; as outras 99 estavam lá fora.

Padre Marcelo pensou em sua Paróquia do Perpétuo Socorro e Santa Rosália, em Santo Amaro, bairro da Zona Sul de São Paulo com uma população de cem mil habitantes na ocasião. Dessas, calculou, cinco mil cabiam na igreja. Com as quatro missas sempre repletas no domingo, chegaria a vinte mil fiéis. Como trazer para a igreja os outros oitenta mil?

Ele prometeu a si mesmo, então, levar a palavra de Deus por todos os meios. Um desafio e tanto para alguém que, embora graduado em educação física pelas Faculdades Integradas de Santo André, e com todos os anos de formação no Seminário de Filosofia de Santo Amaro, não tinha diploma de comunicação. Mas as portas foram se abrindo. Desde a primeira missa, realizada no salão de festas do prédio onde morava, em Santana, Zona Norte da cidade, os fiéis foram chegando.

Marcelo se ordenou padre pela diocese de Santo Amaro no dia 1º de dezembro de 1994, na Igreja do Sagrado Coração de Jesus, no Brooklin. Escolheu a seguinte frase como lema: "Trazemos este tesouro em vaso de argila, para que esse incomparável poder seja de Deus e não de nós." Além da fé, foi o poder da comunicação que ele descobriu no exercício das missas cada vez mais repletas e naquele 2 de novembro de 1997, quando lotou um estádio de futebol em pleno feriado de Finados.

A popularidade e o sucesso fazem mesmo os mais atentos se perderem na rotina maluca dos compromissos e solicitações cada vez mais numerosos. Ele estava disposto a evangelizar, seu principal objetivo. E a pagar o preço.

Em artigo publicado no jornal *O Globo* de 30 de novembro de 1998 sob o título "Emoções fortes", o jornalista e escritor Luiz Paulo Horta lembra que o melhor conselho dado ao padre veio da própria mãe, dona Vilma: "Enquanto Jesus Cristo for o centro do que você faz, está tudo certo. Quando o centro for você, está tudo perdido."

Pensando nisso, passou a estimular missas cada vez mais participativas e cantadas. Aprendeu que não deveria ser confundido com um artista. Quando começaram a surgir os pedidos de autógrafo, esclarecia: "Não dou autógrafos porque não sou artista, sou padre. Eu dou a bênção. Escrevo 'Jesus abençoe' e o meu nome. Só não paro quando tenho muitos compromissos: peço desculpas e digo que estou com pressa. Mas para essas ocasiões levo medalhas, já distribuí milhares", contou à revista *IstoÉ Gente* em 2007.

FECHADO NO TRÂNSITO POR UMA BÊNÇÃO

Marcelo Rossi fez da alegria uma linha direta para atingir as pessoas. Repetindo sempre que celebra missa, não faz show, declarou em 2013 à *Folha de S. Paulo*: "Toda missa que celebro, mesmo na TV, quem está à frente é o meu bispo dom Fernando Figueiredo, bispo de Santo Amaro... Minha função é animar as pessoas."

Em homenagem a dom Fernando Antonio Figueiredo, adotou uma batina de inspiração franciscana e um estilo simples de pregar. "Não abro mão da batina em nome da identidade sacerdotal. Ela impõe respeito, é uma proteção, inclusive contra o assédio das mulheres. Você não imagina a quantidade de besteiras que eu ouço", disse em entrevista à *Veja* em 2011.

O fervor dos fiéis cresceu a tal ponto que, além das graças, também produziu episódios inusitados como o de uma senhora que o viu dirigindo no trânsito e começou a fechá-lo. "Tive que subir, literalmente, na calçada e parar o carro", contou o padre à revista *IstoÉ* em 2012. "Ela desceu, se ajoelhou e pediu uma bênção." Desse dia em diante ele parou de dirigir e passou a contar com um motorista.

Desemprego, violência urbana, intolerância, doença, depressão... Padre Marcelo descobriu que a libertação podia acontecer através da música e do bom humor. "Quem é trabalhador levante a mão! Quem está desempregado levante a mão! Quem é aposentado levante a mão! Quem é pecador levante a mão. E quem não levantou acabou de pecar!", convoca, bem-humorado. Num dos momentos mais descontraídos e esperados da missa, ele joga baldes de água benta nos fiéis. Na relação com esse público, encontrou expressões carinhosas para falar de acolhimento, consolo e fé. "Você no colo de Jesus", nome de seu perfil no Facebook e no Twitter, é uma das que fazem mais sucesso.

Ele mesmo não tem medo de pedir colo ao dar entrevistas como a que concedeu ao *Fantástico*, da TV Globo, em dezembro de 2013, quando falou de depressão, do cansaço diante da exposição pública e da magreza excessiva, provocada por uma dieta à base de três hambúrgueres por dia. Humano, revelou um pecado: a vaidade na enorme aversão à gordura. A entrevista foi uma das raras aparições na mídia, que no início do sacerdócio fez dele uma estrela.

Com os anos, o padre Marcelo Rossi diminuiu sua exposição nos meios de comunicação. Abriu mão das missas grandiosas, como a do Autódromo de Interlagos, que reuniu dois milhões de pessoas no ano 2000. "É melhor fazer várias missas do que uma grande. O carinho é interessante, mas me esgota", declarou em 2007 à *IstoÉ Gente*.

Mais recolhido no Santuário Teotókos Mãe de Deus, em Interlagos, o padre Marcelo Rossi hoje conta com seus próprios canais de comunicação e evangelização: o programa *Momento de fé*, na Rádio Globo, transmitido de segunda a sábado, das nove às dez da manhã, com quase três milhões de ouvintes, o Terço Bizantino, rezado na RedeVida, e as missas às quintas, sábados e domingos no Santuário, transmitidas pela TV Globo e pela RedeVida. Seus livros *Ágape*, *Kairós* e *Philia* estão entre os mais lidos, ocupando lugar de destaque até mesmo nas livrarias consideradas redutos de intelectuais.

As missas-espetáculo, que lhe valeram fama e muitas críticas, ficaram para trás, mas as músicas continuam a mobilizar os numerosos fiéis. Seu CD *Já deu tudo certo* foi o mais vendido de 2013, segundo relatório da Associação Brasileira de Produtores de Discos, superando os de Roberto Carlos e Paula Fernandes. *A vontade de Deus* foi gravado ao vivo em 31 de agosto de 2014. Nesse CD, o padre apresentou canções de sua própria autoria, entre elas, o sucesso *Coração agradecido*.

Referência para outros padres, em 21 de outubro de 2010 padre Marcelo recebeu do papa Bento XVI o Prêmio Van Thuan, concedido aos evangelizadores. Seu jeito diferente de pregar acabou sendo reconhecido pelo Sumo Sacerdote, mas no início causou polêmica. Especialmente por causa da coreografia, que lembrava a ginástica aeróbica. "Vi uma vez o padre Marcelo celebrando uma missa e não achei nada que fosse ofensivo à tradição", observou o jornalista e escritor Luiz Paulo Horta. "Quando ele pula, não está pulando na hora da consagração. Está pulando ou antes ou depois."

* * *

O que inspirou o padre Marcelo em sua maneira de rezar a missa? Como surgiram os gestos que contagiam os fiéis? As respostas talvez possam ser encontradas num momento de vida em que seus pensamentos ainda estivessem longe da ideia de ser sacerdote, num trem a caminho da faculdade de educação física, em Santo André.

MARCELÃO

As manhãs de inverno podem ser muito frias na Estação da Luz, cartão-postal de São Paulo. Menos para a animada turma de educação física da Fefisa (Faculdades Integradas de Santo André), um grupo madrugador, animado e amigo, que em meados dos anos 1980 tomava conta do trem rumo àquele município do Grande ABC.

Entre eles estava um Marcelo Rossi de 19 anos, bem diferente do homem que conhecemos hoje. Fisiculturista, músculos meticulosamente cultivados, ganhou o apelido de "Turma".

"O apelido surgiu no primeiro ano", conta um dos colegas, professor Laerte Andrade, "porque sozinho ele já era uma turma. Muito grande e forte, levava o fisiculturismo a sério. Às vezes estávamos no meio de uma aula e sentíamos aquele cheirinho de atum. Olhávamos para trás e era ele fazendo a marmitinha no fundo da sala."

No pátio impecável da Fefisa, na rua Clélia, 161, talvez tenham começado a surgir a dinâmica e a coreografia que fizeram Marcelo Rossi revolucionar a tradição da missa. "Liturgia é alegria", costuma afirmar o sacerdote, que gosta de aproximar os fiéis durante o culto: "Já perguntou quem está do seu lado?", questiona. "Dessa forma você tira a pessoa do apenas assistir para o participar", prega.

Voltando ao tempo da faculdade de educação física, que cursou de 1986 a 1989, encontramos uma turma, em seu último ano, formada por cinquenta rapazes e cinquenta moças. Em épocas de prova prática, a maioria fazia questão de marcar encontro na Estação da Luz bem cedinho, para tomar conta do primeiro vagão, onde eram ensaiadas as coreografias do exame de dança folclórica.

O grupo era pontual e chegava para a primeira aula às 7h30, quebrando o silêncio e a tranquilidade do pátio da faculdade. Vários dos colegas de classe do padre Marcelo Rossi fizeram uma corrente de oração pela sua recuperação depois que ele, no final de 2013, em entrevista ao *Fantástico*, revelou que emagrecera muito por causa dos distúrbios alimentares em consequência de uma dieta e da depressão.

ALUNO RESERVADO

Diante da tela do computador, Laerte Andrade, fisioterapeuta, educador físico e atualmente professor da Fefisa, tenta em vão encontrar uma foto, entre as inúmeras da turma, em que Marcelo Rossi apareça com maior nitidez.

Segundo os colegas, Marcelo era uma pessoa educada, calma e até meio reclusa. "Para se ter uma ideia", observa Laerte, "depois que se tornou famoso, fomos procurar fotos dele na turma e não encontramos. Nas danças, que eram obrigatórias, ele só aparece muito ao fundo. Era um aluno que participava. Ia bem em algumas matérias, como fisiologia, que faziam parte do *métier* dele. Falava pouco e era introvertido."

Em dança, segundo Laerte, Marcelo ia "mais ou menos. Melhorou bastante depois que se tornou padre", brinca. "Na cadeira de danças folclóricas, da professora Maria Rodrigues, tínhamos que pesquisar para compor a coreografia. Ele fez dança russa comigo", conta Laerte, que, assim como Marcelo, morava na Zona Norte e costumava encontrar o amigo para ir e voltar da faculdade.

"As aulas eram das 7h30 às 11h30", lembra Laerte. "Pegávamos o ônibus até o Carandiru, de lá, o metrô até a Estação da Luz, depois o trem até Santo André e finalmente o ônibus até a faculdade. Era uma hora e meia de trajeto. Além das aulas, ficávamos em contato três horas por dia durante o percurso de ida e volta. Nos três anos de curso, fomos bem próximos mesmo. Como aluno, pelo fato de treinar bastante, ele tinha dificuldade em outras matérias práticas. Era muito grande. No atletismo, fazíamos corrida com barreira, e ele, daquele tamanho, acabava tendo problemas. Sempre dávamos um jeito de ajudá-lo", recorda Laerte.

Para o colega, talvez Marcelo Rossi não se destacasse em algumas atividades por causa da timidez. "Treinava musculação todo dia, era mais durão", continua. "Naquela época, eu nem lembro se ele falava sobre religião, mas sabia que a família era bem católica. Em matéria de fisiculturismo, era meio acelerado. Se dissessem para ele assim: comer televisão cresce, ele comia televisão. Costumava aderir a todas as novidades dos Estados Unidos na área de alimentação, e chegou a levar alguns desses produtos para experimentarmos. Um deles, não me lembro bem o nome, era horrível."

"COMO ASSIM VAI SER PADRE?"

Membro da comissão de formatura, Laerte se recorda de que, no final do último ano da faculdade, Marcelo emagreceu muito. "Ele teve um problema alimentar relacionado aos treinos e não participou da formatura, que aconteceu em fevereiro de 1990", conta. "Depois de formado, eu já dava aula na Fefisa quando cruzei com ele no trem na estação da Luz. 'Cara, descobri o meu caminho! Vou ser padre', ele me disse. 'Como assim vai ser padre?', perguntei. E ele: 'Vou ser padre porque me encontrei...' E eu respondi: 'Vai com Deus! Tomara que dê certo!' E foi. Teve o destaque que teve."

Laerte conheceu padres que deram aula para Marcelo Rossi no seminário. "Eles o viam como um aluno normal. Foi dom Fernando Figueiredo que percebeu esse potencial de comunicação que ele tinha. Ele dominava realmente o púlpito. Dom Fernando viu no Marcelo esse talento, tão carente na Igreja na época." Para Laerte, a faculdade de educação física também teve o seu papel na linguagem corporal do padre.

Espírito de grupo, descontração, dinamismo e alegria são em geral características das turmas de educação física da Fefisa, segundo o professor da cadeira de natação Luiz Carlos Pereira. A flexibilidade, exigida sobretudo pelas atividades práticas, surpreendeu e desafiou o aluno Marcelo, extremamente enrijecido e pesado por conta não só dos treinos para o fisiculturismo, mas do uso de anabolizantes.

Ele mesmo, anos mais tarde, confessaria ao jornalista Roberto Cabrini, do SBT, que tomava anabolizantes: "Chega uma hora em que, por mais que você queira, o músculo não cresce. Você vê todo mundo crescendo e fica com inveja. O pessoal conta: estou tomando isso, aquilo... E você vai aprendendo as coisas erradas, os ciclos necessários para atingir isso. Foram dois anos de loucura, mas graças a Deus eu parei."

Luiz Carlos Pereira descreve Marcelo como um aluno tranquilo, introspectivo e sempre muito atento ao que acontecia. "Em termos de nado, dava conta do *crawl*. Passou de ano", acrescenta. "É preciso lembrar", diz o professor, "que o excesso de musculação dá uma tonicidade diferente ao corpo. Resultado: todo movimento que a pessoa vai fazer na água a tendência é afundar. Ele fazia muita musculação, estava sempre se exercitando com pesos, e na minha aula tinha bastante dificuldade. Sabia nadar, tinha facilidade para prestar atenção à aula, era uma pessoa quieta mas apresentava sempre uma carência. Algumas vezes vinha falar comigo: 'Professor, preciso de um exercício para as minhas costas. Estou ficando arqueado por conta da musculação.' E eu o aconselhava a trabalhar um pouco mais de costas", lembra Luiz Carlos.

Desde adolescente, por causa da altura, Marcelo sofre de cifose, curvatura da espinha que provoca o arqueamento ou arredondamento das costas, podendo levar à postura corcunda. Em várias entrevistas, ele já declarou que começou a treinar e posteriormente a estudar educação física por causa do problema.

"NÃO VOU FAZER MANCHETE NUNCA!"

Albertina Osório da Cruz Misko é professora veterana da Fefisa. Ela se lembra de todos pelo nome e se recorda dos momentos vividos nas aulas de voleibol, sua cadeira, com cada aluno, inclusive Marcelo Rossi. "Marcelo era muito forte, tinha um peitoral enorme e não conseguia fechar os braços para fazer a manchete. 'Não vou fazer manchete nunca! Meu peitoral não permite', dizia. Mas era um aluno bom, sem problemas, cumpriu tudo", diz a professora, que dava as duas primeiras aulas do dia.

A metódica rotina de alimentação do aluno também chamava a atenção de Albertina. "Ele sempre transpirava muito", continua a professora. "Terminava a aula, ele trocava de camiseta e sentava na arquibancada para comer uma marmita enorme com gema ou clara de ovo e todos aqueles alimentos necessários para quem compete oficialmente. Não sei qual era a modalidade. Em algumas aulas, ele, sempre educado, explicava: 'Hoje vou dar uma maneirada porque tenho competição este fim de semana, preciso estar mais pesado e forte.' Menino muito tranquilo, não era dos mais extrovertidos."

Para os professores, Marcelo Rossi pertencia ao grupo dos mais centrados, que se empenham no estudo. Tinha um comportamento mais maduro, não tão menino. "Quando se tornou padre", continua Luiz Carlos Pereira, "as pessoas começaram a conversar sobre ele. Havia aqui uma professora, Maria Rodrigues, que dava aula no primeiro ano e trabalhava justamente com o que ela chamava de cânones. Músicas que ajudavam nos exercícios. Ela cantava uma que lembramos até hoje: 'É o pistão, pistão, pistão que move a locomotivaaaa!' Quando ele começou a fazer sucesso com as músicas, brincávamos: 'Olha aí!

Ele se inspirou na Maria Rodrigues!' Não sabemos nem se é verdadeiro. Quem sabe ela não foi responsável por essa parte artística e talvez tenha inspirado a coreografia dele nas missas?"

A professora Albertina observa que a faculdade de educação física incentiva a extroversão. "Ele era quieto e tímido. Aqui você tem que dançar, brincar e se mostrar. A faculdade tem um lado muito interessante: a parte prática, em que você se exercita e muda seu jeito de ser. As atividades ensinam o aluno a se expor, montando, por exemplo, uma banda. Chegamos a organizar uma escola de samba na praça em frente. Fechamos a rua e todos participaram. Isso deve ter ajudado na vida dele", explica Albertina, lembrando que Marcelo é sempre citado como um dos alunos ilustres da Fefisa.

Nem Albertina nem Luiz Carlos já foram às missas do ex-aluno. "Tínhamos um professor, o Manoel, que já foi à missa dele e levou vários alunos. Quando o padre Marcelo soube da presença dele, fez questão de convidá-lo para ir lá na frente e de conversar com ele", conta Albertina.

"O CARA MAIS DISCIPLINADO QUE CONHECI"

Quase nenhum colega continuou a se relacionar com Marcelo Rossi depois da faculdade, com exceção de Fabio Saba. Mestre em educação física pela Universidade de São Paulo, ele é um palestrante requisitado quando o assunto é bem-estar, saúde e equilíbrio físico e mental. "Além de termos estudado juntos, tivemos oportunidade de nos encontrar depois da faculdade e de manter contato nos últimos dez anos. Conheci o padre Marcelo primeiro como estudante de educação física e depois como padre. Trabalho com gestão esportiva e por amizade passei a orientá-lo nos exercícios físicos. Ele é o cara mais disciplinado que já conheci. Além disso, é um fenômeno de comunicação", afirma Fabio, que ficou muito impressionado quando reencontrou o amigo.

"Ele já estava na TV Globo", lembra. "Na faculdade de educação física, era supertímido e discreto. Tem plena consciência do sucesso que faz e sempre coloca esse sucesso como obra de Deus. Tem o pé no chão onde já vi outros escorregarem."

Segundo Fabio, Marcelo era um cara bacana. "Sempre agradável, nunca tirava sarro de ninguém. Não existia futilidade com o Marcelão, como era chamado na época. Pegávamos carona juntos e eu me identificava com ele por ser também mais discreto."

Mais tarde, depois da faculdade, Saba encontrou um homem maduro, consciente da importância do bem-estar. "A questão atual do exercício é a relação com o bem-estar, com o equilíbrio, melhorando o sono, o humor e a produtividade no trabalho", afirma Fabio, que orientou o padre Marcelo num programa feito de exercícios de força, resistência e esteira.

MARCELÃO

Fabio Saba ia à casa do padre Marcelo uma vez a cada 15 dias. "O roteiro era cumprido rigorosamente. Eu apenas media os resultados. Qualquer dúvida, ele ligava. Ele sempre foi meticuloso e sempre se cuidou. Fazíamos tudo na medida certa", recorda.

Os dois pararam de se encontrar um pouco antes do fatídico acidente na esteira, em que padre Marcelo Rossi quebrou o tornozelo. No período em que estiveram próximos, Fabio frequentou as missas no Santuário do Terço Bizantino, onde encontrou um homem comprometido em atender as pessoas. "Poucos sabem que no sábado e no domingo, quando acabam as missas, ele faz uma quantidade de ações", diz Fabio. "Abençoa e atende muita gente. Ele sempre me ajuda com a energia dele. Ao mesmo tempo em que é ligado no 220, transmite uma paz gigantesca."

O reencontro de Marcelo Rossi e Fabio aconteceu num evento. "Ele simplesmente chegou e falou: 'Cara preciso falar com você!' O padre Marcelo Rossi só não é mais simples porque tem 1,95m de altura. Hoje as pessoas convidam você para tomar café. Ele tem um hábito simples e muito pessoal. Gosta de falar: 'Vamos tomar um copo d'água.' Quando penso nele, a palavra que vem à minha cabeça é disciplina. Muitos que não o conhecem têm muita maldade. O padre Marcelo é simples. Ele anda de Palio."

Simplicidade, disciplina e muita dedicação resumem o perfil do padre Marcelo para Fabio Saba. "Hábitos", acredita o colega, "que ele aprendeu com a própria educação física. Ele viveu nesse mercado muito tempo. Mais importante do que tudo isso é a capacidade que ele tem de levar alegria às pessoas. O bispo dom Fernando foi quem sempre o apoiou. Quem assiste às missas que o padre Marcelo reza fica magnetizado. Sua comunicação é muito coloquial e quebrou paradigmas dentro da Igreja."

A passagem pela educação física nos três anos dentro das Faculdades Integradas de Santo André certamente deixou sua influência em Marcelo Rossi. Ele se formou com 22 anos, e já no último período começou a viver os conflitos de quem se prepara para seguir uma carreira.

PRECE POR UMA TIA NOS CAPUCHINHOS

Uma das pessoas que o conheceram nessa ocasião foi o padre Jorjão, hoje da paróquia da Nossa Senhora da Paz, em Ipanema, no Rio de Janeiro. "Eu era pároco da Igreja de São Sebastião dos Frades Capuchinhos e fui apresentado a ele através de uma tia, que estava com câncer. Mulher muito católica, ela queria que eu conhecesse o sobrinho, que vinha algumas vezes passar férias na casa dela, na rua do Bispo, vizinha à nossa igreja, na Tijuca. Ele também vinha com ela à igreja e na época ainda era professor de educação física. Acompanhei a tia dele até o final e, quando ele se tornou padre, fui assistir às suas primeiras missas. Deus colocou gente muito boa e de muita fé no caminho do padre Marcelo Rossi."

Gente como Laura Mendes da Silva, a Tia Laura, que nunca desistiu de incentivá-lo a seguir a trilha do sacerdócio.

UMA PROFECIA SE REALIZA

"Aconteceu na minha sala. A Bíblia escorregou do colo da Tia Laura e de dentro do livro caiu uma foto. Quando entrei na sala, ela estava segurando o retrato. Vi que era do meu sobrinho, Marcelo Rossi. Perguntei: 'Mas você não está levando a foto de um neto? Essa é do meu sobrinho. Tia Laura respondeu: 'Não estou carregando a foto do seu sobrinho. Estou carregando a foto de um futuro sacerdote.' Eu me lembro até hoje do dia: 12 de julho de 1990. Tia Laura viera a Campinas para se tratar no Hospital da Mulher e se hospedou na minha casa." O relato é de Edir, tia do padre Marcelo Rossi.

Carinhosamente chamada por milhares de pessoas de "tia", Laura Mendes da Silva, autora da profecia, foi a grande inspiradora de Marcelo Rossi. Ela nasceu em Cachoeira Paulista, no Vale do Paraíba, no estado de São Paulo, em 24 de outubro de 1917, e morreu por causa de um câncer em 31 de dezembro de 1991, aos 74 anos.

Ex-doceira, cinco filhos, 15 netos e quatro bisnetos, tornou-se uma das figuras mais importantes do movimento da Renovação Carismática Católica no Brasil de 1970 a 1991. Em sua casa, em Lorena, no interior de São Paulo, iniciou um pequeno grupo de oração chamado "Deus conosco", onde começaram a acontecer casos de cura. O grupo passou a se reunir depois na igreja Nossa Senhora do Rosário. Durante mais de vinte anos como figura de destaque da Renovação Carismática, Tia Laura foi considerada responsável por muitas curas não só em Lorena mas também pelo Brasil afora.

TIA LAURA, UM MODELO

Um dos casos mais famosos foi o do campeão de xadrez Henrique da Costa Mecking, o Mequinho. Considerado o terceiro melhor jogador do mundo em 1977, ele teve que parar de competir por causa de uma miastenia grave, doença neuromuscular que provoca rápida fadiga e degeneração dos músculos. Em entrevista ao portal *G1* em 12 de janeiro de 2014, Mequinho relatou ao colunista Luciano Trigo que, quando estava desenganado, praticamente sem conseguir se alimentar, no dia 28 de maio de 1979, Tia Laura e mais duas companheiras da Renovação Carismática Católica fizeram uma oração de cura e ele melhorou 99%.

Muito antes de o padre Marcelo Rossi encher estádios como o Morumbi, Tia Laura levou multidões não só ao Morumbi como ao Pacaembu, na capital de São Paulo, para orar com ela em encontros de cura e libertação. Suas pregações foram documentadas em raros vídeos. Um deles, de 6 de dezembro de 2009, mostra Laura Mendes da Silva diante do Santíssimo, invocando o Espírito Santo e fazendo a imposição das mãos para abençoar o público. Nos gestos, nas frases que pedem a cura e na imposição das mãos, o padre Marcelo Rossi segue, em sua missa de libertação, procedimentos semelhantes aos de Tia Laura.

Diante de uma plateia fervorosa, dentro da igreja, ela subia ao altar e, com a maior simplicidade, começava a falar: "Se o seu coração parece inchado, cansado, com batidas erradas, você respira mal por causa desse problema, o Senhor agora tocou no seu coração... E sentimos agora neste instante pessoas com muita dor no joelho que têm dificuldade para levantar e andar..." Sua oração preferida era o Pai Nosso, rezado com emoção pela numerosa plateia presente à espera de um milagre.

O vídeo de dezembro de 2009, publicado no YouTube, apresenta relatos de melhoras que aconteceram instantaneamente. Neide Manzano, uma das entrevistadas, contou que havia sido internada com uma parada cardíaca. "Obtive uma graça e não tive mais nada", afirmou. Noemia Araujo não conseguia se ajoelhar. "Na hora da oração senti um calor no joelho, movimentei e não tive nenhuma dor", disse.

A reportagem registra momentos em que a oração vence barreiras geográficas, com Tia Laura curando pelo telefone, o que, depois do programa, quase causou uma pane no sistema telefônico de várias cidades perto de Lorena, tamanha a quantidade de ligações. Ela percorreu o país e pregou pela última vez no dia 11 de novembro de 1991 em Itaici, São Paulo.

"DEUS TEM UM PLANO PARA VOCÊ"

Foi Tia Laura quem previu o futuro de Marcelo Rossi, que, na época da profecia, tinha 23 anos e ainda não pensava em ser padre. Ela era uma amiga próxima da família de Marcelo e, quando os visitava, não perdia a oportunidade de dizer: "Deus tem um plano para você." Aos poucos, Tia Laura ajudou a reconduzir o rapaz a um caminho que ele na verdade começara a percorrer aos 13 anos, quando entrou para o grupo de oração da irmã Josefina.

Delizete Ranieri, filha de Tia Laura, se lembra de Marcelo com 13 anos entrando para o grupo, que funcionava na creche ligada à Igreja Nossa Senhora da Salete, em Santana, Zona Norte da cidade de São Paulo. "Os pais, Vilma e Antonio, sempre foram muito católicos e frequentavam os encontros de casais na Igreja de Santana. O pai do padre Marcelo foi funcionário de banco e até hoje é uma pessoa muito respeitada no bairro. Essas reuniões, que começaram na creche, acabaram se multiplicando em 52 grupos", conta Delizete, que viu dessa forma a Renovação Carismática Católica se fortalecer e sucedeu a mãe nas missas de cura e libertação.

"Marcelo era de Deus. Tinha vocação mas não ligava muito para isso", afirma Delizete. "Mamãe profetizou que ele seria padre. Isso aconteceu na casa da Edir, tia do padre Marcelo Rossi." Sempre acreditando na vocação de Marcelo, Tia Laura, segundo Delizete, não desistiu. "Uma vez, em Lorena", lembra ela, "mamãe entregou a estátua de Nossa Senhora Aparecida para ele carregar. O primeiro passo para ele assumir a vocação foi no Colégio São Joaquim Salesiano de Cruzeiro. No colégio, queriam que ele fosse professor, mas ele, já mais velho, começava a ter um objetivo firme: 'Eu quero ser padre para arrebanhar as pessoas.'", relata Delizete. "Foi quando entrou para o Seminário de Filosofia Santo Amaro e encontrou dom Fernando Figueiredo."

O padre Marcelo Rossi, segundo Delizete, foi responsável pela renovação da Igreja Nossa Senhora do Perpétuo Socorro e Santa Rosália, em Vila Mascote, sua primeira paróquia. "A igreja foi uma obra do padre Marcelo. Eu ia à missa nessa igreja quando não tinha nem piso", afirma. "O padre Marcelo tem o dom da cura e da libertação, mas o seu ministério maior é o da evangelização."

UMA PROFECIA SE REALIZA

Marcelo Rossi se distanciaria da religião por um bom tempo. Ele mesmo contou, em entrevista ao apresentador Manuel Luís Goucha, de um canal de TV português, em 6 de março de 2012, que deu trabalho à mãe e que sua conversão começou com uma imagem de Nossa Senhora de Fátima, diante da qual dona Vilma orava: "Eu estudava educação física, voltava de madrugada e encontrava minha mãe me esperando. Ficava irritado. 'Já sou adulto, tenho 19 anos!', falava. Mas meu coração foi amolecendo."

Os motivos que levaram Marcelo Rossi de volta à religião surgiram, segundo ele, com a morte de um primo, Serginho, e a de uma tia. O choque aconteceu aos 21 anos. O primo, Sérgio Mendonça, de 28 anos, morreu num acidente de carro. No mesmo dia, ele soube que surgira um tumor no rosto da tia. Em entrevista à *Veja,* em 1998, disse: "o encontro com Deus me trouxe de volta a paz que eu havia perdido". Para compensar a angústia que começou a sentir, leu sobre a vida de São Lucas no livro *Médico de homens e de almas*, de Taylor Caldwell. Frequentou grupos religiosos e se sentiu de novo atraído para a igreja através da música. Com o tempo, a ideia do sacerdócio amadureceu. Ainda inseguro, começou a frequentar os encontros de Tia Laura, em Lorena. Costumava fugir da faculdade para conversar com ela. Esses encontros o marcaram a ponto de finalmente levá-lo a se decidir.

A mãe, Vilma Rossi, em entrevista concedida em Portugal, em 2011, por ocasião do lançamento do livro *Ágape,* explicou que teve persistência para apoiar o filho: "Eu conheci Jesus. Quando a gente vai à igreja, vê que existe coisa melhor. Tentei passar isso para os meus filhos. Ele não queria saber, mas a sementinha já estava plantada desde pequenininho. Nós, mães, temos que ensinar e não comprar. Nossos filhos precisam de conversa. Não precisam de coisas. É importante ensinar que as maravilhas não estão no carro do ano, mas em chegar, ajoelhar e sentir que ali está o sentido da vida."

"EU NÃO QUERIA QUE ELE FOSSE PADRE DE JEITO NENHUM"

"Eu treinava corpos e não era o melhor professor", lembra o padre Marcelo Rossi quando fala sobre sua decisão, que pegou de surpresa não só os colegas de faculdade mas o pai, Antonio, que, no início, segundo o filho, não aceitou a escolha.

No programa da apresentadora portuguesa Fátima Lopes, em 2011, Antonio Rossi lembrou: "Eu não queria que ele fosse padre de jeito nenhum. 'Eu dou apartamento, um carro para você'", prometeu na época, "Antigamente eu ajudava os padres e eles tinham uma vida vazia. Era diferente. Só rezavam a missa e não acontecia mais nada. Depois de um ano que meu filho foi ordenado padre, entendi que Jesus queria o padre Marcelo para algo melhor.

Meus colegas falavam: 'Seu filho é...' E eu rapidamente completava: 'Professor de educação física.' Você chega numa multidão e pergunta: 'Quem quer que o seu filho seja padre?' Duvido que alguém levante a mão."

A resistência de Antonio foi tamanha que o padre Marcelo, na mesma entrevista, relatou: "Quando eu atendia o telefone em casa, me chamavam de Marcelo. Descobri então que durante um ano meu pai não contou para ninguém que eu era padre. Ele foi à minha missa de ordenação, mas levou um ano para ir de novo a uma missa minha."

Hoje, Antonio é responsável pela organização das missas no Santuário Teotókos Mãe de Deus. É ele quem está ao lado do filho em todos os lançamentos de livros pelo Brasil. No santuário, depois de cada celebração, os fiéis deixam bilhetes com pedidos e orações dirigidos ao padre Marcelo. Mensagens que Antonio Rossi sempre entrega ao filho.

A NAMORADA SIMONE

O tema das namoradas sempre desperta a curiosidade da mídia. O padre Marcelo não foge da resposta, mas só menciona o nome de uma, Simone, com quem teria tido um relacionamento mais sério. Entrevistado por Roberto Cabrini para o SBT em 2012, contou: "Tive poucas, três ou quatro. Uma, séria, Simone. Faz tanto tempo que não a vejo. Se eu tenho 45, ela deve estar com seus 43 anos. Na verdade, foi o começo. Se eu falar que a amava verdadeiramente, vou mentir."

Simone casou-se e a madrinha foi a filha de Tia Laura, Delizete Ranieri. Segundo Delizete, Simone prefere não aparecer. "É dentista. Está casada, tem um menino, Victor, já na faculdade, que foi batizado pelo padre Marcelo, e duas gêmeas. Entre ela e Marcelo foi um namoro pequeno. Eles não estavam noivos. Quando terminaram, Marcelo contou tudo para Vilma, a mãe, que é sua maior confidente. Explicou a ela que não era aquele seu caminho", revela Delizete.

"A família de Simone é grande: são três meninas e quatro irmãos. Ela é muito linda e elegante, não gosta de se expor e nem vê razão para isso, pois foi um relacionamento muito rápido", completa Delizete, para quem o padre Marcelo Rossi ainda conserva a ingenuidade e a pureza daquele menino que começou a frequentar o grupo de oração na creche da Madre Josefina. "Ele é honesto e fica bravo quando fazem coisa errada no santuário. Tem sangue italiano. É Rossi."

Celibatário convicto. É assim que o padre Marcelo se define nas entrevistas. Em março de 2012, ao conceder uma entrevista coletiva em Portugal, afirmou: "Sou celibatário convicto. Já vivo assim há quase vinte anos. É uma vida de coração. Se você buscar as coisas, assistir a filmes pornográficos, é óbvio que vai acabar se sujando. Mas se, pelo contrário, olhar as pessoas com carinho e amor verdadeiro, nem pensa nisso. E, mesmo se os padres pudessem casar, coitada da mulher que estivesse comigo. Ia sofrer muito. Trabalho para Jesus a toda hora. Nenhuma mulher iria entender isso." Marcelo costuma dizer também que, para ele, o celibato não foi uma renúncia, mas uma oferta.

Sempre acompanhado pelos pais, Antonio e Vilma, o padre Marcelo Rossi contou a Marianne Piemonte, da *IstoÉ Gente*, em 2007, como faz para se proteger de eventuais assédios: "Aprendi uma coisa: quando um não quer, nada acontece. Eu trato as pessoas como filhas. A primeira coisa que faço é colocar a mão na cabeça. Aonde vou, tenho sempre meus pais me acompanhando. As pessoas podem até achar que sou filhinho de papai. Fui para Assis, na Itália, e minha mãe foi comigo. Se não fosse assim, imagine quantas mentiras a meu respeito já não teriam surgido. Mas de qualquer maneira não temo as mulheres."

Tia Laura, tia Edir, a mãe, Vilma, as irmãs Marta e Mônica representam a presença feminina forte e carinhosa na vida do padre, explicando de certa forma sua devoção especial a Nossa Senhora. O sacerdote afirma que sua vocação e devoção surgiram antes de ele nascer. Ele lembra que a mãe mantém em casa uma imagem de Nossa Senhora e que costumava lhe contar que, grávida de oito meses, foi surpreendida a caminho de casa por uma forte tempestade. Assustada, pôs a mão na barriga e prometeu que, se chegasse bem, consagraria seu filho a Nossa Senhora. Quando faz essa revelação, o padre acrescenta, com um sorriso: "Minha vocação nasceu no útero da minha mãe."

CARISMA

Há 16 anos, todo sábado, às nove da noite, seu Nito Pinheiro sai de Niterói conduzindo uma caravana de ônibus para assistir à missa do padre Marcelo. "Chegamos às três da manhã em Interlagos, com antecedência, para pegar a missa das seis, transmitida pela Globo", conta seu Nito, que conhece todos os hinos e canções dos fiéis. "Levei a primeira caravana em 1997, quando o padre Marcelo ia ao programa do Gugu Liberato", lembra. "Acompanhei a construção do Santuário Mãe de Deus, obra de igreja católica, dessas que levam muitos anos", conta.

Motorista errando o caminho mas chegando em cima da hora da missa em resposta às preces agoniadas dos passageiros, uma nutricionista agradecendo, o rosto coberto de lágrimas, a bênção de um emprego... Milagres grandes e pequenos já aconteceram nas viagens de seu Nito, por onde passam pessoas levando muita fé, a carteira de trabalho para ser abençoada e diferentes pedidos. Para ele, o maior milagre foi ter operado o coração e continuar trabalhando sem problemas. "Entrei na faca em 2008 e estou aí. Foi por graça do padre Marcelo", afirma.

A fé que leva muita gente ao Santuário Mãe de Deus pode ser explicada em uma palavra: carisma. No dicionário, carisma é o poder de encantar, seduzir, é o que faz com que um indivíduo desperte de imediato a aprovação e a simpatia das massas. Na Renovação Carismática Católica, o significado vai além e se confunde em parte com a essência do cristianismo posto em prática pelo padre Marcelo, que acredita na relação com Deus, baseada no fervor e na empolgação dos primeiros cristãos em Pentecostes, quando receberam as línguas de fogo do Espírito Santo.

TEOLOGIA DA LIBERTAÇÃO E RENOVAÇÃO CARISMÁTICA

Em 1967, quando Marcelo Mendonça Rossi nasceu, a Igreja Católica se empenhava em cumprir os princípios e objetivos discutidos no Concílio Vaticano II, convocado no Natal de 1961 pelo papa João XXIII e encerrado em 8 de dezembro de 1965, já sob o pontificado de Paulo VI.

Para João XXIII, o concílio repetiria a experiência de Pentecostes, impulsionando a Igreja muito além de seu lado institucional. A ideia era fortalecê-la como movimento à imagem e semelhança dos primeiros tempos evangelizadores do cristianismo. Mais acolhedora e próxima de seu rebanho, em missas não mais rezadas em latim, essa Igreja voltou-se para as questões sociais e econômicas, renovando-se na participação cada vez mais ativa dos fiéis.

Depois do Concílio Vaticano II, cresceu dentro da Igreja uma renovação alimentada por dois movimentos: a Teologia da Libertação, apoiada na força política e social das comunidades eclesiais de base, e a Renovação Carismática Católica, movida pela energia evangelizadora inspirada em Pentecostes.

REVELAÇÃO NO OUTONO DE 1966 EM DUQUESNE

A Renovação Carismática surgiu na Universidade de Duquesne, que fica em Pittsburgh, Pensilvânia, nos Estados Unidos, no outono de 1966; surgiu também na Universidade de Notre-Dame, em South Bend, Indiana, no ano de 1967, entre professores, estudantes, religiosos e sacerdotes que se reuniam para fazer orações. Sua inspiração: Pentecostes, a descida do Espírito Santo sob a forma de línguas de fogo sobre a cabeça dos apóstolos, fazendo-os falar em diversos idiomas e perder o medo da perseguição, impulsionando-os na evangelização.

Um livro autobiográfico de David Wilkerson chamado *A cruz e o punhal* (1962), que conta como o Espírito Santo o ajudou a operar conversões entre os drogados e marginais de Nova York, foi uma das referências para o grupo de trinta pessoas que, no famoso Retiro de Duquesne, de 17 a 19 de janeiro de 1967, sentiram-se iluminadas, renovadas e invadidas pelo desejo intenso de dar o testemunho de Cristo.

Trazida para o Brasil pelos padres Haroldo Joseph Rahm e Eduardo Dougherty, que promoveram o primeiro congresso nacional, com cinquenta líderes, em meados de 1973, a Renovação Carismática Católica incentiva um encontro menos intelectual e mais emocional com Deus.

Animado pelas guitarras de bandas cada vez mais numerosas, capazes de atrair os mais jovens, o movimento estimula a participação na Eucaristia, a adoração do Santíssimo Sacramento, a devoção a Nossa Senhora com a oração do terço, a oração espontânea e os cânticos de louvor, de agradecimento e de pedidos ao Espírito Santo.

CARISMÁTICOS NA BERLINDA

Os carismáticos sofreram muitas críticas, tanto da ala progressista da Igreja quanto da tradicional. Para os progressistas, formados sob a inspiração do Concílio Vaticano II e da Teologia da Libertação, a Igreja não deveria se omitir como força transformadora social e ética. Daí o envolvimento de muitos religiosos na luta contra os governos militares que ditaram os rumos do Brasil entre 1964 e 1985. Para os conservadores, o modo pentecostal, performático, valorizaria demais a emoção, a busca da cura, da graça imediata, a missa espetáculo. Aparentemente, tais embates perderam força, provando que no amplo seio da Igreja há lugar para vários tipos de encontro com Deus.

O crescimento dos evangélicos pentecostais levou os mais resistentes a assimilarem boa parte das práticas adotadas pela Renovação Carismática Católica, que, com o tempo, demonstraram ser capazes de atrair católicos que haviam se afastado ou de despertar a fé em novos adeptos.

Além de ser fascinado pela história do cristianismo, o padre Marcelo sempre gostou de ler sobre o Retiro de Duquesne. De certa forma, ele mesmo teve o seu Duquesne, não só ao frequentar as reuniões da Tia Laura, mas também no Seminário de Teologia de Santo Amaro, onde foi incentivado pelo bispo dom Fernando Antonio Figueiredo, até hoje seu mentor.

BISPO E MENTOR: DOM FERNANDO

Dom Fernando nasceu em Muzambinho, no sul de Minas Gerais, em 1º de dezembro de 1939. Sua primeira graduação foi em ciências econômicas, junto aos franciscanos no colégio Bom Jesus, em Curitiba, no Paraná. Ordenado sacerdote pela Ordem Franciscana, cresceu em influência e sobretudo na formação de novos sacerdotes. Primeiro bispo da diocese de

Santo Amaro, durante oito anos foi presidente da Confederação Nacional dos Bispos do Brasil do Estado de São Paulo.

Com olho clínico para identificar vocações, foi dom Fernando Figueiredo, por exemplo, que orientou a entrada no direito canônico de dom José Aparecido Gonçalves de Almeida. Dom José foi o primeiro da diocese a estudar no exterior. Em 2010 foi escalado para atuar na comissão de julgamento de religiosos acusados de assédio sexual contra menores na Central Jurídica da Cúria Romana.

Atento à importância dos meios de comunicação na evangelização e defensor de um vínculo mais afetivo e emocional entre o fiel e a igreja, dom Fernando apoiou o padre Marcelo Rossi desde o início. É ele quem reza a missa no santuário todo domingo, assessorado pelo padre Marcelo.

Marcelo Rossi fez sua formação no Seminário de Filosofia de Santo Amaro, que hoje exige de seus noviços seis anos de estudos: dois em filosofia e quatro em teologia.

O seminário, uma construção de tijolos aparentes localizada na rua Santo Alberto, 221, em Campo Grande, não fica longe da avenida Interlagos, onde está o Santuário Mãe de Deus, construído pelo padre Marcelo. Quando estudou lá, Marcelo Rossi encontrou na música sua melhor forma de expressão. Alegre e bem-humorado, montou uma banda chamada QG (Quebra-galho). Como vocalista, começou a exercitar de brincadeira um carisma que foi crescendo. Ele percebeu que, através da música e da dança, poderia fazer as pessoas participarem de uma liturgia que precisava urgentemente ser renovada.

Recém-ordenado pelo bispo dom Fernando Figueiredo, padre Marcelo aprendeu os caminhos para atingir o coração e o espírito sem perder de vista pequenas e grandes lições práticas de vida: como lidar com a inveja, não desanimar diante da doença, acima de tudo persistir na fé em momentos difíceis. Ele soube despertar a solidariedade cristã, deixando em todos os que frequentavam sua missa a sensação boa de ser querido e amado.

Na maneira afetiva de promover o encontro dos fiéis com Deus, Marcelo tinha consciência de que não era dele o mérito de uma vivência espiritual plena na missa, mas sim da coletividade. "O padre deve falar menos, fazer com que as pessoas participem", afirmou em entrevista à revista americana *Newsweek* em 2013. Para o padre, é perfeitamente viável fazer uma ótima homilia em cinco minutos. "Há um ditado que diz: em cinco minutos é Deus quem está falando, em dez é o homem e em 15 minutos é o diabo, porque é enfadonho e afasta o fiel da igreja", declarou à *Veja* em 1998.

Marcelo Rossi começou a confirmar a profecia de Tia Laura colocando em prática dois carismas: o da cura e o da profecia.

CURA, PROFECIA E EVANGELIZAÇÃO

Sabedoria, Conhecimento, Fé, Operação de Milagres, Discernimento, Glossolalia (o dom de falar em várias línguas), Profecia e Cura estão entre os carismas do Espírito

Santo (*khárisma*, em grego, quer dizer atos; *charisma*, em latim, significa graça ou dom).

Nos tempos de Jesus Cristo esses dons foram fundamentais para a conversão e o despertar da fé, que não pode, segundo os teólogos, ser reduzida ao plano intelectual e racional. Durante vários séculos o clero reprimiu as manifestações dos carismas, aceitando-os apenas em situações especiais. Temia-se o seu uso narcisista e irresponsável.

A expansão das igrejas pentecostais nos Estados Unidos no início do século XX e o crescimento da Renovação Carismática mudaram essa situação. Aceitos pela Igreja, os carismas voltaram a ser exercidos por fiéis e sacerdotes, que hoje ousam desfrutar de experiência mais espontânea e emocional com Deus, possibilitada em consequência do contato direto com o Espírito Santo.

VIDENTE, MÉDIUM? APENAS UM INSTRUMENTO DO ESPÍRITO

Quando perguntaram, numa entrevista a Tia Laura, por que as curas aconteciam em seu grupo de oração, ela respondeu simplesmente: "Porque rezamos para um Deus presente." Da mesma forma, o padre Marcelo Rossi costuma dizer: "Sou apenas um instrumento do Espírito Santo", evitando o rótulo de vidente ou médium.

CURAI-ME, SENHOR JESUS

O dia 2 de outubro de 1997 foi especial para o padre Marcelo Rossi e para o radialista Altieris Barbiero. Diretor de programação religiosa da Rádio América, onde o padre fez seu primeiro programa de sucesso, Altieris viu muita gente alcançar uma graça por causa das orações do sacerdote.

O radialista andava tenso e preocupado. Havia meses peregrinava de médico em médico com a filha Alana, de 2 anos. A menina desenvolvera um nódulo grande na garganta, semelhante a um pomo de adão, e ninguém descobria a razão do distúrbio.

"O papa João Paulo II chegava ao Rio de Janeiro e o padre Marcelo ia viajar para assistir ao evento. Na véspera, falei para ele: 'Padre, amanhã minha filha vai ser operada.' Ele lembrou: 'Altieris, hoje é dia de Santa Terezinha, vou rezar por você e sua filha.'"

Preocupado com Alana, o último pensamento que viria à cabeça de Altieris Barbiero seria um milagre. Ele não era cético, mas, absorvido pelo medo do que poderia acontecer à menina, esqueceu por um momento de pedir uma graça ao padre Marcelo e até mesmo da oração prometida.

A cirurgia parecia um fato inevitável. "Fomos para o hospital", conta o radialista. "Minha filha entrou para ser operada, acompanhada pelos médicos, nos deixando na maior agonia. Não demorou muito lá dentro. De repente fomos chamados pelo microfone. Fiquei apavorado. Entramos e a equipe nos comunicou: ela não vai precisar ser operada. O caroço havia sumido. Hoje Alana está com 19 anos", conta Altieris.

A VISÃO DE ERICK

São vários os testemunhos de católicos que identificam no padre um dom especial. Entre eles, o do designer paulista Erick Ajudarte Bezerra, que, quando criança, passou a sofrer com um problema nos olhos, que lacrimejavam demais.

"Começou quando eu tinha 9 anos", lembra Erick. "Fui a vários médicos, mas nenhum descobria qual era o verdadeiro problema. Assim, aos poucos, fui perdendo a visão. Quanto tinha 13 anos, finalmente diagnosticaram o que estava acontecendo: era uma doença chamada ceratocone, uma deformidade na córnea. Naquela época, eu acreditava que apenas um dos olhos estava sendo afetado, mas descobri que os dois tinham sido comprometidos."

Erick começou a usar lentes de contato importadas e caras, mas a doença ia piorando. "O médico, então, explicou que minha saída seria um transplante de córnea", continua Erick. "Era necessário principalmente para o olho direito, que estava pior. O problema era que, se a cirurgia desse errado, eu perderia a visão. Diante desse quadro, eu me assustei. Minha mãe sempre foi uma mulher de muita fé, mas eu ainda não me ligava nisso."

A primeira cirurgia de Erick aconteceu em outubro de 2007, mas não deu certo, e ele voltou a fazer outra em fevereiro do ano seguinte, mês do aniversário da mãe. "Essa cirurgia deu certo", afirma o designer, "mas eu sofri muito, pois não conseguia ir para a luz: machucava muito! Acabei passando duas semanas num quarto escuro; cheguei a achar que a cirurgia havia sido um erro. Num momento em que estava muito cansado, fui relaxar um pouco e coloquei uma música do padre Marcelo Rossi para escutar. Quando fechei meus olhos, vi uma luz bem forte, desceu uma mão em minha direção, entrou nos meus olhos e começou a puxar bichos e bactérias para a luz. Logo em seguida, abri meus olhos e consegui ir para a luz. Abri a janela... Estava enxergando! Fui correndo dar um abraço na minha mãe, e ela me contou: 'Erick, exatamente neste instante eu estava pedindo a Deus que ajudasse você a se curar como Jesus curou o cego de Jericó.'"

Ele acabou se submetendo ao transplante de córnea do olho esquerdo e hoje tem 98% da visão, para espanto dos médicos. "Tenho carteira de motorista e de trabalho. Depois desse episódio, me crismei e voltei para a Igreja. Há um ano e meio sofri um acidente e cheguei a ficar na UTI. Quando fui me confessar, o padre que me ouvia me disse que Deus havia me salvado para que eu desempenhasse uma missão. Foi o segundo recado", conta Erick, que nunca esteve no Santuário Mãe de Deus, mas vai todo ano a Aparecida. A mãe, por sua vez, já esteve em várias ocasiões na missa do padre Marcelo Rossi. Erick se formou em desenho industrial, leva uma vida normal e mora atualmente em São Paulo.

"VOCÊ VAI DESAFIAR A MEDICINA E GERAR FILHOS"

Muitas mulheres contam que engravidaram graças à intervenção do padre Marcelo. Silvana Camargo Mitne foi uma delas. Filha de evangélicos, não se considerava religiosa e não se batizou. "Até meus 29 anos, eu era pagã", afirma. Uma manhã, ouvia rádio casualmente quando sintonizou o programa *Momento de fé*.

"Eu tinha me casado e estava com depressão porque não podia ser mãe", conta Silvana, que naquele dia ouviu o padre falando a uma ouvinte que enfrentava a mesma dificuldade. "Mulher, essa depressão que a levou para a cama não é para a sua morte. O que os médicos disseram não é verdade. Você vai desafiar a medicina e gerar filhos em seu ventre", dizia ele. Silvana relata que começou a chorar e se identificou com o caso. Três dias depois, foi com o marido ao Santuário Mãe de Deus.

"EM BREVE GERARÁS EM TEU VENTRE UM PRIMOGÊNITO"

Quando chegaram, a missa já havia começado. Levaram um susto ao ouvir o padre Marcelo falar ao microfone: "Acaba de entrar aqui no santuário um casal a quem há muito Jesus esperava. Vocês são preciosos para o Senhor." Aquela declaração inesperada deixou Silvana impressionada.

Ela voltou à igreja mais algumas vezes, fez um curso de preparação e foi batizada dez meses depois pelo próprio padre Marcelo. Mais adiante, fez a primeira comunhão, foi crismada e se casou no religioso. "Em uma das missas", relembra, "passei pela unção dos enfermos. Na minha vez, orando por mim, o padre olhou nos meus olhos e falou: 'O Senhor pede para avisá-la que em breve gerará em seu ventre um primogênito do sexo masculino.'"

Quatro meses depois, Silvana engravidou de João Pedro. Dois anos depois, também durante uma oração, o padre a olhou e repetiu quase as mesmas palavras. "O Senhor pede para avisá-la que está lhe dando mais um filho. Dessa vez é um anjo muito especial. Ele pede que você cuide com muito amor desse anjo."

Tempos depois do aviso, nasceu uma menina. "Recebi Maria Clara, com todo o amor. Ela é portadora de síndrome de down. Nasceu desfalecida e veio à vida no sexto minuto após o parto." Emocionada, ela acrescenta que tem todos os motivos para considerar o padre Marcelo uma pessoa importante para sua vida pessoal e espiritual. "Ele foi a voz do Senhor para mim. Com ele, conheci Jesus, conheci Deus. O padre Marcelo deixa o Espírito Santo conduzi-lo, fala com a alma e o coração", completa.

LAURA GONÇALVES: "DE JOELHOS CONSAGREI MEU VENTRE."

O caminho da graça começou para Laura Gonçalves com o programa *Momento de fé* e, tempos depois, com o livro *Ágape*, que a levou a uma experiência pessoal intensa. "Sou casada há seis anos e tenho uma filhinha de 2, Flávia Vitória. Poucos meses depois de casar, planejamos a gravidez. Fiz todos os exames e todos apontaram para uma gestação saudável e tranquila. Mas os meses passavam e só a ansiedade e a decepção eram minhas companheiras. Eu sofria calada a cada frustração."

Quando chegou o mês de maio, uma amiga do trabalho avisou que naquela semana o programa do padre Marcelo seria dedicado às mães. "Por conspiração dos céus, no dia em que ouvi, ele falava para as mulheres que queriam engravidar. Assim que terminou o programa, entrei no site e, com muita fé, acendi uma vela virtual. De joelhos, consagrei meu ventre. 'Que seja feita a Vossa vontade, Senhor', eu disse ao fim do pedido em oração. Naquela mesma semana, minha menstruação atrasou. Mais algumas semanas, fiz um teste de gravidez que deu positivo. Não tenho como descrever minha emoção e a da minha família", recorda.

Nos meses seguintes, a vida reservaria outro drama para Laura. Com cinco meses de gestação, ela soube, através de um ultrassom morfológico, que sua filha era portadora de mielomeningocele (malformação congênita da coluna vertebral) e hidrocefalia, o que exigiria que Flávia Vitória fosse submetida a uma cirurgia.

"Fiquei desesperada", conta Laura. "Perdi o chão, passei dias chorando. Nesse período, foi fundamental o apoio da família. Moro em uma cidade pequena, a notícia logo se espalhou, e muitas pessoas fizeram correntes de oração em várias igrejas em intenção da nossa pequena guerreira. Fui encaminhada ao Hospital São Paulo e, com trinta semanas de gestação, passei por uma intervenção intrauterina para colocação de uma DVE (Derivação Ventricular Externa), uma válvula para drenagem do líquido na cabeça de Flávia Vitória", lembra.

Foi nesse período que a família de Laura a presenteou com o *Ágape*. "Um livro lindo, iluminado e de extrema ajuda para quem necessita de apoio para o corpo e o espírito. Li cada capítulo com muita emoção, principalmente aquele que fala do filme *O óleo de Lorenzo*[1], contando a luta dos pais por seu filho. Mesmo sendo vítimas de preconceito, sendo mal compreendidos, jamais desistem de lutar por uma vida mais digna para o fruto gerado pelo amor."

Flávia nasceu após 37 semanas de gestação. Foi operada no segundo dia de vida para correção da anomalia na coluna vertebral e a colocação de uma válvula definitiva. "Hoje, desenvolve-se bem como qualquer criança da sua idade", revela Laura. "Faz fisioterapia, hidroterapia e estimulação precoce. Se tudo tivesse sido diferente, não haveria tanta intensidade e não seria tão especial como é", conta Laura.

Para ela, "o padre Marcelo não é um simples sacerdote, é o pastor das ovelhas perdidas e desorientadas. Suas palavras nos tocam, suas canções nos confortam e seus escritos são como uma bússola no mar de tormentas. Já participei de uma celebração no santuário. Foi um momento mágico, iluminado, como se os anjos estivessem presentes cantando para toda aquela multidão."

---

[1] Dirigido por George Miller, o filme, de 1992, é a história de um garoto que sofre de uma doença que leva à degeneração do cérebro. [*Nota da autora*]

O COMUNICADOR

Apenas duas luzes brilham levemente na penumbra do quarto: a chama de uma pequena vela e o dial iluminado de um micro system sintonizado em uma emissora de rádio. Pesadas cortinas reduzem os ruídos que vêm da rua. Faz quase silêncio, embora o apartamento se localize em plena Zona Sul do Rio de Janeiro. No canto do cômodo, ao lado do aparelho de som, uma imagem de Nossa Senhora da Conceição, manto azul, com uma coroa de latão dourado, tem sua sombra projetada, e ampliada, na parede branca.

O conjunto lembra um altar. Diante dele, uma senhora presta toda a atenção à voz que o aparelho emite. A cena se multiplica em milhares de casas, casebres, hospitais, prisões, instituições religiosas ou leigas, carros e pequenos estabelecimentos comerciais das grandes capitais, cidades do interior e zonas rurais do Brasil.

Tão diferentes entre si, os ouvintes têm um elo que os une naquele momento: a voz, o sentimento e a expressão religiosa do padre Marcelo Rossi em seu programa diário *Momento de fé*, líder de audiência no seu horário, veiculado de segunda a sábado pela Rádio Globo AM desde 2002.

Já foram mais fortes e intransigentes no passado, mas ainda persistem em setores da Igreja Católica algumas críticas sobre a utilização de meios de comunicação de massa na difusão da fé. Embora reconheçam que a transmissão de grandes eventos, como a Jornada Mundial da Juventude, com a presença do papa Francisco, o Círio de Nazaré, as festividades no Santuário de Nossa Senhora Aparecida, emocione e mobilize milhões de católicos e resulte em veneração legítima, os mais conservadores rejeitam a individualização gerada pela exposição de padres ao complexo de comunicação moderno. Argumentam que transformar religiosos em ídolos desviaria a atenção dos fiéis.

MOMENTO DE FÉ: 2.160.000 FIÉIS POR MINUTO

Atualmente, a maioria aceita os fatos e indica que a cena descrita há dois parágrafos deve falar por si. A atitude da ouvinte, que colocou o aparelho de rádio ao lado da imagem da santa que venera, é simbólica. Para ela e milhões de católicos — o *Momento de fé* atinge, segundo o site oficial do padre, uma audiência de 2.160.000 fiéis/minuto —, ouvir as palavras do religioso e devoção, espaço e tempo de oração e reflexão.

Rádio, TV, jornais, revistas e internet são apenas os meios de propagar a palavra de Jesus. Da mesma forma como foram o pergaminho e a difusão oral na voz de apóstolos como São Paulo nas estradas da Galileia. Meios que hoje se tornaram indispensáveis para preservar e ampliar a mensagem. De resto, o conflito entre tradicionalistas e "midiáticos" há muito foi superado. Se o Concílio Vaticano II lançou, nos anos 1960, um novo olhar sobre o tema, coube a João Paulo II institucionalizar a nova visão ao criar o Conselho Pontifício para as Comunicações Sociais.

A EMOÇÃO É A MENSAGEM

Uma das características do rádio é a facilidade com que o meio promove uma forte interação com o ouvinte no âmbito da imaginação. A sonoplastia, as músicas, a inflexão vocal e as pausas são os recursos que levam a audiência a vivenciar situações e emoções. Era assim que a antiga Rádio Nacional cativava milhares de pessoas com novelas como *Direito de nascer*. O público era convidado a mentalmente "criar" paisagens, fisionomias e ambientes, a "visualizar" a cena.

A ficção ganhava contornos que simulavam o real. Não por acaso, o rádio ainda é, em todo o mundo, o veículo preferencial para a evangelização eletrônica, tanto pelo custo mais viável quanto por ser provocador. Em seu formato, o programa *Momento de fé* oferece conselhos, conforto e promove produtos (livros, cartões, papiros, DVDs, CDs), mas é no quadro dos testemunhos dos ouvintes e no diálogo telefônico entre o padre e o fiel que a emoção aflora.

— *Bom dia, padre Marcelo* — *diz uma ouvinte, ligando de uma pequena cidade de Pernambuco.*
— *Deus te abençoe. Falo com quem?* — *pergunta o padre.*

O diálogo acontece. O padre fala com naturalidade, em tom carinhoso e respeitoso. As ligações se sucedem. Algumas ouvintes parecem nervosas. Uma delas admite que é a primeira vez que liga para o programa. Está emocionada, soluça. O padre a acalma. Não se apresenta como uma autoridade religiosa. Apenas estimula a ouvinte a falar. Em poucos segundos, a conversa torna-se tão espontânea e natural que parece se dar entre duas pessoas que se conhecem há muito tempo. O padre aconselha, nunca recrimina, como costumam fazer alguns líderes religiosos em programas semelhantes.

— Padre, a minha filha tinha dificuldade para engravidar. Uma noite, sonhou com o senhor, que, em oração, lhe disse que tudo se resolveria no tempo de Deus, que aguardasse tranquila. O filho viria. E assim aconteceu, padre. Ela engravidou e, apesar de sofrer com uma gripe H1, superou tudo graças às orações do Ágape — conta a ouvinte.

Em seguida, é a vez de o padre Marcelo retribuir com seu testemunho.

— Deus tem me usado no sonho. Eu, que não tenho insônia, às vezes acordo duas ou três horas da madrugada, não consigo mais dormir e sou impelido a orar. Tem acontecido muito. Agora, começo a entender. É um chamado. Poderia dormir um pouquinho mais, mas é o poder de Deus, não vou colocar limites no poder do Senhor.

Como o relato da ouvinte pernambucana, milhares de testemunhos chegam ao programa por carta, telefone e e-mail. São pedidos por parentes que padecem de doenças, filhos vítimas de drogas, casamentos em crise, sofrimentos de famílias com pais que cumprem sentença em prisões.

Mas nem só dramas e conflitos chegam ao estúdio do *Momento de fé*. Há também aqueles que ligam para contar da graça alcançada. Do sofrimento contido a partir da leitura das orações oferecidas em livros como *Kairós*, *Ágape* e *Philia*. Para todos, o padre tem uma palavra de conforto e de exaltação da fé.

A MÍDIA DESCOBRIU O PADRE MARCELO

A aproximação do padre Marcelo com os meios de comunicação de massa não se assemelha à construção planejada e técnica de uma celebridade. Facilidade de comunicação, carisma e linguagem acessível são qualidades que certamente explicam o seu sucesso. Mas, na máquina de produzir fama, há quem faça um caminho inverso ao que o padre trilhou.

"O padre Marcelo não foi atrás da mídia. A mídia descobriu o padre Marcelo", afirma o padre Jorjão, da paróquia Nossa Senhora da Paz, em Ipanema, no Rio de Janeiro. "Ele tem um carisma e uma fé impressionantes. Junta multidões nas missas e no programa de rádio, um dos maiores fenômenos de audiência da história do rádio no Brasil, com quase três milhões de ouvintes por hora. Ele é um presente de Deus para a Igreja. Não adianta ter conteúdo. O bom professor não é o medalhão, o doutor, mas o que sabe comunicar, que tem pedagogia. Um padre doutor em teologia falando em teologuês. Ninguém entende nada. O padre Marcelo explica com palavras simples verdades profundas. Transmite, com alegria e simplicidade, a grandeza de Deus", acrescenta o padre Jorjão.

UMA IDEIA NA CABEÇA PARA EVANGELIZAR

A fama veio do talento inato como comunicador, sempre com uma ideia na cabeça para evangelizar. O seu primeiro programa, em 1997, tinha apenas meia hora e era transmitido à meia-noite pela Rádio América — Rede Paulus Sat, de propriedade dos padres paulinos. Apesar de ir ao ar em horário desfavorável, repercutia, gerava boca a boca. E foram os ouvintes que, nessa espécie de viral analógico, levaram-no a obter da emissora a transferência para um horário de maior potencial de audiência.

Foram tantas as mensagens que recebeu de pessoas que ouviram falar da sua pregação mas chegavam tarde do trabalho e não tinham condições de ouvi-lo àquele horário que o apelo serviu de argumento junto à emissora para mudar o horário para as nove da manhã. A audiência triplicou.

"SOU FELIZ POR SER CATÓLICO"

Na época, o padre Marcelo Rossi acabou tendo dois programas diários na Rádio América. Seu estrondoso sucesso surpreendeu até mesmo o diretor de programação religiosa, Altieris Barbiero, que lembra muito bem quando o procuraram para dar uma oportunidade a um padre: "Nunca tinha ouvido falar nele e menos ainda em terço bizantino. O padre Marcelo Rossi passou a fazer uma oração à meia-noite e cinco e a repercussão foi enorme. Na televisão e no rádio, todo mundo queria convidá-lo para participar, dar entrevista e debater sobre diversos assuntos. Diante disso, Margarete Borges, responsável pelo departamento comercial, propôs: 'Por que não damos um horário para ele? Daqui a pouco o padre não vai mais nem poder cuidar dos fiéis na igreja.' Transferimos a oração da meia-noite para o horário da tarde", recorda Altieris. "O programa passou a ir ao ar das nove às nove e meia da manhã e à noite, das nove às nove e meia, com a minha participação", conta.

Foi Altieris quem ajudou o padre Marcelo a encontrar a palavra certa para o evento "Sou feliz por ser católico". "Estávamos organizando o encontro e pensando nos adesivos para os carros quando o padre me perguntou o que eu achava do nome 'Tenho orgulho de ser católico'. 'Orgulho é um pecado capital, padre', observei. Por que não 'Sou feliz por ser católico'? Ele gostou e perguntou se poderia usar. Respondi: 'Use e abuse'", conta Altieris, que trabalhou seis anos com o padre Marcelo Rossi.

Segundo o radialista, foram seis anos maravilhosos. "A gente fornecia aquela retaguarda para ele, e ele sabia ouvir e seguir os meus conselhos. Dávamos muitas sugestões, inclusive para a escolha do dia de um evento, como o de 2 de novembro. Falei: 'Padre, por que não fazer o encontro no Dia de Finados? Todo mundo se preocupa tanto com a morte. É um momento importante para lembrar da vida.'" Assim foi escolhida a data para "Sou feliz por ser católico", uma das primeiras manifestações do alcance do padre Marcelo Rossi.

Em 1998, em consequência da repercussão da sua atuação na Rádio América, a produção do *Domingo milionário*, da Rede Manchete, então já mergulhada em grave crise, convidou-o a falar sobre o seu programa. O padre participou também de um quadro da atração, opinando sobre um tema polêmico naqueles dias: sentenças de pena de morte por injeção letal aplicadas por tribunais norte-americanos. Discutia-se, além disso, se o Brasil deveria ou não instituir a pena de morte. Evidentemente, o padre posicionou-se contra a medida.

O *Domingo milionário* não ultrapassava um ponto de audiência, segundo o Ibope. Mas a produção do *Domingão do Faustão*, atenta, viu o padre, interessou-se e o procurou. Em uma das suas edições, o programa da TV Globo mostrou para uma enorme audiência nacional a energia, a vibração e os momentos de emoção e contrição de uma missa celebrada pelo padre, que começou a ser considerado um "fenômeno".

A MISSA PELA TELEVISÃO

Desde 29 de julho de 2001 sua presença na TV deixou de ser eventual para tornar-se parte da "grade" das emissoras. A Globo passou a transmitir com exclusividade a missa do Santuário do Terço Bizantino, aos domingos, às seis da manhã, e a RedeVida ganhou o direito de cobrir a celebração aos sábados, às quinze horas. Como consequência da popularidade crescente do padre, celebridades da música e da TV tornaram-se figuras presentes nos eventos religiosos. Essa associação resultou em maior exposição do padre Marcelo, que ganhou definitivamente o status de artista popular, dividindo a cena com Roberto Carlos, Xuxa, Gugu Liberato, Chitãozinho e Xororó, Hebe Camargo, entre outras personalidades.

Com a roda da fama girando, o padre Marcelo passou a interessar às revistas de celebridades. Foi capa da *Caras* mais de uma vez, da *Contigo* e da *Quem*. Jornais desvendaram sua trajetória e seu perfil, e revistas de informação e análise, como *Veja* e *IstoÉ*, publicaram matérias extensas contextualizando o "novo fenômeno" da Igreja Católica.

A exposição do padre Marcelo Rossi na televisão começou, entretanto, a provocar críticas de setores da igreja, preocupando a própria CNBB (Confederação Nacional dos Bispos do Brasil), que se viu diante de uma questão inédita: que código de conduta determinar para a participação de um padre num programa de auditório? Segundo a revista *Época* de 6 de dezembro de 2010, na reunião da Confederação Nacional dos Bispos programada para abril de 2011 em Itaici, São Paulo, o padre Marcelo entraria na pauta. Disciplinado e devotado à hierarquia da Igreja, o padre Marcelo rareou as entrevistas, passando a evitar sobretudo temas polêmicos.

Ao contrário do que se poderia supor, seu acesso a milhões de brasileiros não diminuiu. Passou a acontecer em canais próprios, através dos livros, *Ágape* e *Kairós*, e dos CDs. Escrevendo e cantando, o padre continuava a cumprir seu objetivo principal: dedicar os dias a chamar fiéis para a igreja e se tornar, essencialmente, um evangelizador de multidões.

"EU SOU UM SER HUMANO"

Um padre jovem e bonito, brincalhão, com cara de galã, cantando e falando de Jesus com uma intimidade nunca vista. Ao surgir em meados dos anos 1990 como um missionário quase pop, atraindo multidões para a Igreja Católica, o padre Marcelo Rossi entrou de peito aberto no fogo cruzado da mídia. Era uma novidade absoluta, disputada sobretudo pelos programas de auditório.

Tornou-se amigo de apresentadores como Gugu Liberato, João Dória Jr., Hebe Camargo e Xuxa. Desta última, ganhou um dogue alemão ao final da entrevista em que apresentou seu livro *Ágape* e na qual aproveitou para explicar à apresentadora o sentido do milagre da transformação da água em vinho nas Bodas de Canaã. Também apoiou a cantora Ivete Sangalo quando ela sofreu um aborto espontâneo em 2011.

Presente nos momentos mais difíceis da vida de várias celebridades, o padre Marcelo tornou-se amigo e convidado assíduo do programa de Gugu Liberato, que chegou a fazer um auditório inteiro cantar "Erguei as mãos". Com Gugu, viajou várias vezes, não só a Roma mas a Jerusalém. Para mostrar como era realizado um batismo na época de Jesus Cristo, batizou o apresentador nas águas do rio Jordão.

Visitou o cantor Netinho no hospital Sírio-Libanês, em 16 de maio de 2013. Em tratamento por problemas vasculares no abdômen, Netinho publicou em seu Facebook que tinha recebido a oração do sacerdote. Escreveu: "Momento lindo de fé e oração."

Sexo, aborto, casamento, violência. Sem fugir dos temas perigosos, sua presença era sinônimo de audiência garantida, e ele, consciente da importância dos meios de comunicação na evangelização, fez da televisão, dos jornais e das revistas um púlpito mais informal para atrair novos fiéis.

Do remédio para a calvície ao sonho de ser astrônomo ou corredor de Fórmula 1, do casamento às comunidades eclesiais de base, o padre Marcelo Rossi abriu seu coração. Corintiano apaixonado, tem abençoado seu time sempre que é chamado. No dia 24 de janeiro de 2015, deu o pontapé inicial no amistoso do clube com o Corinthian Casuals, clube inglês que inspirou a fundação do Corinthians em 1910. O técnico do time paulistano, Tite, tornou-se um de seus melhores amigos.

FÉ CORINTIANA

Tite, ou Adenor Leonardo Bacchi, está entre os maiores técnicos do mundo. De 2010 a 2013, foi responsável por um dos melhores desempenhos do Corinthians, que ganhou a Taça Libertadores e o Mundial, numa vitória histórica. Depois de um ano sabático em que todos esperavam que ele se tornasse técnico da Seleção Brasileira, Tite voltou ao Corinthians em 16 de dezembro de 2014 com um contrato previsto para terminar em 2017.

"Conheci o padre Marcelo através do Cláudio, que ajuda na organização das missas. Por ocasião da minha primeira passagem pelo Corinthians, em 2004, eu, minha esposa, Rosmari, e meus dois filhos, Matheus e Gabrielle, recebemos um telefonema do Cláudio para ir à missa do padre Marcelo. Ela acontecia numa garagem, numa parte fechada e outra aberta. Sempre fui católico", afirma Tite, que se tornou presença constante nas missas. "O padre Marcelo tem uma energia própria, uma capacidade enorme de externar os sentimentos e de aproximar as pessoas. Dessa forma atinge os mais jovens num discurso que se aproxima do coração, proporcionando muita saúde, paz de espírito e luz. O padre Marcelo é corintiano", continua Tite. "Foi algumas vezes ao Corinthians com o Mario Gobbi (presidente do time). Ele usa a missa e a oração para a saúde e não com o objetivo de vencer. Reza para melhorar o trabalho, para desenvolver nosso dom e não para estimular uma simples relação de troca com Deus. O padre Marcelo sempre transmitiu também para os jogadores a mensagem de muito foco."

Tite lembra de um dia em particular, quando o padre Marcelo esteve no Corinthians para abençoar os jogadores: "Ele entrou, cumprimentou todos os atletas. Falou com todos sem distinção, não importando suas religiões. Em determinado momento, quando foi cumprimentar o goleiro Cássio (Ramos), previu: 'Você vai ser uma peça muito importante, fundamental na trajetória do Corinthians no Mundial.' Na conversa com Cássio, o padre lembrou que tinha feito previsão semelhante para o Rogério Ceni, goleiro do São Paulo, campeão em 2006."

Logo depois, no dia 16 de dezembro de 2012, a previsão do padre Marcelo Rossi se cumpriu e o Corinthians foi sagrado campeão mundial. Ao sair do hotel rumo ao estádio, com um pequeno crucifixo no peito, Tite tinha a expressão confiante, a mesma estampada no rosto dos jogadores.

Foi um jogo difícil no Japão, mas o Corinthians conseguiu uma vitória inesquecível contra o Chelsea, por 1 a 0, gol de Paolo Guerrero. Cássio enfrentou três momentos críticos para o time, mas resistiu.

Tite frequenta as missas rezadas pelo padre Marcelo Rossi. "É um hábito que tenho. Conheço os pais do padre Marcelo, seu Antonio e dona Vilma. Ele contava que o pai não acreditava que ele ia ser padre. Para mim foi uma decisão de uma grandeza enorme. Acho que não teria tanto desprendimento."

"PERDI TODAS AS LIBERDADES NECESSÁRIAS"

O padre Marcelo conservou as amizades famosas, mas aos poucos foi reduzindo o número de entrevistas, limitando-se a falar em ocasiões bem especiais. "O padre Marcelo está mais discreto?", foi uma das perguntas da revista *Época* de 10 de maio de 2007: "Sim. É uma questão de prudência. Depois de alguns anos aparecendo com muita frequência, eu aprendi que a superexposição é perigosa. Há momentos em que se deve aparecer, mas existem outros em que o melhor é se recolher. E é quando bate aquela saudade. Em 1999, eu me expus tanto que fui eleito o 'Mala do ano'. Não dava para continuar daquele jeito e eu reconheço que exagerei. Por isso minha saída dos meios de massa foi proposital."

Para o jornalista Diógenes Campanha, da *Folha de S. Paulo*, o padre Marcelo Rossi atualmente tem uma presença grande na mídia através do programa de rádio e da missa transmitida pela TV Globo e pela RedeVida, mas ao mesmo tempo se mantém distante da exposição desnecessária. "Não é sempre que a gente o vê dando entrevista a menos que ele queira passar uma mensagem. Foi o caso da reportagem publicada na *Folha de S. Paulo* no final de abril de 2013, que coincidiu com o lançamento de *Kairós*, seu segundo livro. Era importante para ele ocupar aquele espaço", observa Diógenes.

COMUNIDADES DE BASE E HOMOSSEXUALIDADE

O primeiro contato de Diógenes com o padre Marcelo Rossi foi em 2007, quando o jornalista trabalhava na revista *IstoÉ Gente*. "Um pouco antes da vinda de Bento XVI, quando ele esperava cantar para o papa", lembra Diógenes. "O depoimento do padre Marcelo rendeu três páginas na revista e foi publicado no dia 14 de maio."

Um dos trechos que mais despertaram reações de setores conservadores foi, segundo Diógenes, a resposta do religioso à pergunta sobre a recomendação de Bento XVI de que algumas missas especiais fossem rezadas com trechos em latim. O padre Marcelo disse: "Fantástico. Mas, sinceramente, não contem comigo para rezar esse tipo de missa. Estudei latim e hebraico e, por incrível que pareça, sei mais o hebraico, porque eu dormia na aula de latim! O professor era terrível, e, se a gente não pratica, esquece."

Em 2013, quando Diógenes conversou com o sacerdote por ocasião do lançamento de *Kairós*, o resultado foi um artigo publicado em 29 de abril abordando assuntos polêmicos. Dois temas se destacaram: a intenção da

CNBB de voltar a incentivar as Comunidades Eclesiais de Base para recuperar espaços em áreas pobres e a homossexualidade.

Sobre a revitalização das Comunidades de Base para aumentar a evangelização nas áreas carentes, o padre Marcelo afirmou: "Aí eu questiono. Acho as CEBs importantes, mas hoje o nosso povo precisa de grandes espaços. Vejo nas missas do santuário. Uma vela ilumina? E dez? E vinte mil? O Palmeiras estava sem 13 titulares, mas a torcida foi e eles se classificaram na Libertadores. Faz diferença. Os evangélicos estão erguendo grandes locais, porque reúnem as pessoas. Se ficar fechado na CEB, esquecer a oração, ficar só na política... Se olhar todos os que estão no governo, a maioria surgiu da CEB."

Diógenes quis saber a opinião do padre sobre o casamento gay, e ele respondeu: "A palavra de Deus é clara: Deus criou o homem e a mulher. A igreja acolhe o pecador, mas não o pecado. Não vai poder legitimar o casamento entre homossexuais. Mas acolhe com carinho." Sobre a adoção por casais homossexuais, posicionou-se contra: "Por causa da formação. O que vai ficar na cabeça (da criança)? Você quebra o sentido do que é família, do que é o homem e a mulher, o pai e a mãe. São princípios bíblicos. Não sou eu que vou contrariar a palavra de Deus. Seja evangélico ou católico, a partir do momento em que você é cristão, não dá."

"EU SOU UM SER HUMANO"

DESABAFO EM CADEIA NACIONAL

No final de 2013, excessivamente magro, padre Marcelo Rossi começou a chamar a atenção da mídia e a preocupar os fiéis, que suspeitaram de alguma doença grave. Para acalmar a opinião pública, apareceu no *Fantástico*, no dia 8 de dezembro daquele ano, entrevistado pela apresentadora Renata Vasconcellos. Explicou que emagrecera muito por causa de uma dieta maluca. "Completamente recuperado da depressão?", perguntou a jornalista. E o padre: "Graças a Deus, quase completamente. Fiz uma dieta maluca, Renata. Eu realmente espero que as pessoas não inventem. Era só alface e hambúrguer. Você imagina seis meses fazendo isso!"

Em tom de desabafo, disse que havia perdido todas as liberdades necessárias e que sentia falta de sair na rua como uma pessoa comum: "Nossa, como eu sinto [falta de sair]! Sair na rua, fazer compras eu mesmo, ir ao restaurante que eu quiser, como eu quero. Mas, ao mesmo tempo, tudo tem o seu preço. Eu pago esse preço. O que mais me assusta é o fanatismo. Esse é o grande perigo em qualquer lugar, seja em qualquer religião. Muitas vezes nos colocam em um pedestal, até em uma idolatria. Eu sou um ser humano. É o que eu explico para as pessoas. Eu passo por dor. Nunca escondi de ninguém."

No dia seguinte, na Rádio Globo, o padre conversou com o comunicador Antonio Carlos apontando a inveja como mais um dos motivos para sua depressão: "Você acredita em inveja, Antonio Carlos? É real, eu tinha dois cachorros, um fila gigante e um dogue alemão, que ganhei da Xuxa, o outro ganhei de um grande amigo... Morreram do nada. Eles foram um para-raios contra a inveja... Peço ao povo de Deus que ore por mim, porque essa minha missão não é fácil. Graças a Deus, sem médico eu me dei conta de que estava entrando numa anorexia", admitiu.

SUPERANDO O FANTASMA DA DEPRESSÃO

O padre Marcelo falou pela primeira vez em depressão em entrevista dada à repórter Adriana Dias Lopes nas páginas amarelas da *Veja*, publicada em 20 de abril de 2011. Na ocasião, decepcionado com setores da arquidiocese de São Paulo que o impediram de cantar para Bento XVI, afirmou: "Senti-me como Cristo no Horto das Oliveiras, quando ele se achou abandonado e pediu a Deus para afastar dele o cálice de sangue."

Os padres são de carne e osso. Gente como todo mundo, exposta às fragilidades do humano. Com o passar dos anos, o homem solicitado por muitos foi perdendo seu próprio chão ao enfrentar o fantasma do estresse e da depressão. Foi com esse assunto, tão próximo de sua realidade, que lançou em 2013 uma série de 16 CDs de autoajuda, abordando 48 temas reais, na coleção *Mo-*

mento de fé para uma vida melhor da Sony. O sacerdote procurava processar de maneira positiva uma angústia não somente sua mas de milhares de pessoas.

A jornalista Priscila Mortensen lembra da série e conta que durante sete anos trabalhou com ele e dom Fernando Figueiredo no programa *Médico de almas, médico de corpos,* na Rede TV: "O padre Marcelo começou o programa junto com dom Fernando mas depois, em função do contrato com a TV Globo, precisou limitar sua participação à de entrevistado. Ele é muito bacana, brincalhão e tem um lado moleque. Às vezes parece um meninão. Brincava de colocar a mão como se fosse dar uma bênção e na hora H saía um peteleco. Ele gostava de conversar sobre nutrição, dieta e exercício físico", conta Priscila, que trabalhou com o religioso até julho de 2013.

As gravações do programa, segundo a jornalista, aconteciam num estúdio montado nos fundos da casa em que o padre Marcelo Rossi e dom Fernando moram em Vila Mascote: "Ele tem um cachorro gigante. Dom Fernando tem pavor desse cachorro", diz Priscila, referindo-se a um dos cachorros que morreu em dezembro de 2013, deixando o padre Marcelo arrasado.

Um dos trabalhos de Priscila era fazer reportagens no Santuário Mãe de Deus: "Chegávamos cedinho, ainda escuro, para entrevistar o pessoal das caravanas. Era muito bonito e muito gostoso. O que me chamava a atenção era a animação da missa. Eu tinha uma lembrança de missa repleta de idosos rezando, tudo muito parado. No santuário vai uma molecada, gente tatuada, com cabelo colorido. Um barato! Ele mudou a cara estática da Igreja", continua a jornalista que entrevistou vários fiéis. Entre eles, uma senhora, que atraiu sua atenção porque não parava de dançar. "Conversei com a filha e ela me contou que até começar a frequentar o santuário a mãe sentia muita dor nas pernas e mal podia se mexer. Não tomou remédio e voltou a se movimentar sem sofrimento nas missas do padre Marcelo", relata Priscila.

Numa dessas madrugadas, era julho e a neblina cobria o santuário quando Priscila viu uma mulher com um bebê no colo. Pensou: *O que essa maluca está fazendo aqui com uma criança a esta hora?* "A moça me disse que a filha havia nascido sem um pedaço do cérebro. Os médicos desenganaram a menina, prevendo que ela não sobreviveria uma semana. O bebê tinha mais de seis meses e estava lá, sobrevivendo", lembra a repórter.

Priscila admira também o respeito do padre Marcelo Rossi por dom Fernando: "Quando os dois aparecem juntos, as pessoas voam no padre Marcelo e ele sempre dá um jeitinho de deixar clara a importância de dom Fernando. Não permite que a fama tome conta de jeito nenhum, nem faz questão de escolta. Eu me lembro que, ao assistir às reportagens que eu fazia na rua, ele queria que eu dissesse o nome de cada um."

QUANDO O SANTUÁRIO DO TERÇO BIZANTINO ERA UM GALPÃO

O padre Marcelo Rossi foi o único religioso que o apresentador João Dória Jr. entrevistou três vezes em 21 anos de *Show Business*. "O encontro aconteceu em 2003", afirma Dória. "Ele batizou minha filha mais nova, Carolina, quando o Santuário do Terço Bizantino ainda era um galpão", recorda o apresentador. "Na ocasião, o que mais me chamou a atenção foi o carisma, a humildade e a força interior do padre Marcelo Rossi. Admiro o respeito que ele tem pela congregação, pelos fiéis e pela fé", afirma o apresentador, que o considera uma pessoa iluminada e querida por todos. "Os fiéis que o seguem o reconhecem e o respeitam pela bondade, fé, tolerância, pelo aconselhamento e pela humildade. Os livros, as músicas e os shows, e o movimento 'Paz sim, violência não' — que reuniu três milhões de pessoas —, transmitem essa mensagem. O padre Marcelo emociona com suas palavras e seu exemplo", afirma Dória.

Para o apresentador, o padre Marcelo Rossi representa a renovação da Igreja Católica porque recuperou e trouxe muitos fiéis com seu carisma e liderança: "O padre Marcelo move milhões. Prova disso está no número de pessoas que o acompanham em seu Santuário, pelos seus livros ou apresentações."

Assediado, adorado, invejado, Marcelo Rossi conheceu os lados positivos e negativos da exposição. Homem de Deus, capaz de elevar a Igreja através da música e da oração, descobriu-se mais desprotegido do que imaginava. Pela primeira vez sentiu-se perdido, desviado do seu rebanho, à espera de que o pastor o encontrasse de novo.

Encontrou alívio escrevendo como se falasse com seus fiéis na missa. Do sofrimento surgiram os livros que hoje confortam milhares de leitores.

ORAR E ESCREVER SALVAM

Dois dias antes de sofrer um grave acidente na esteira ergométrica — que o levaria à cadeira de rodas por meses —, o padre Marcelo descansava em sua sala. Parecia exausto em contraste com a energia exuberante que demonstrava em público. Tinha acabado de celebrar a missa matinal. A iluminação do ambiente era suave e relaxante. Mas o padre estava inquieto. Repassava mentalmente a agenda do dia, quando seus pensamentos foram interrompidos pela entrada de um senhor alto e grisalho, sorriso largo e olhos azuis, quebrando a formalidade do terno.

Ficou surpreso com a visita. Imaginou que fosse ligada ao trabalho social. O visitante, por sua vez, nem desconfiava de que, alguns segundos antes de sua chegada, o padre estava imerso em reflexões. Pela primeira vez nos últimos anos, ele sentia um profundo desânimo físico e mental. Parecia fragilizado. Andava sofrendo picos de pressão arterial. Diante do número de compromissos e da quantidade de solicitações, o corpo sinalizava limites. Questionava-se.

A voz pausada, quase solene, do homem o despertou desses pensamentos. Era o comendador Dino Samaja, embaixador plenipotenciário da Soberana Ordem de Malta. Embora já conhecesse o comendador e a instituição religiosa, não fazia ideia do que o levava à sua sala. Fundada em Jerusalém no século XI, a Ordem de Malta é reconhecida como Estado soberano e mantém representantes em mais de noventa países. Tem caráter humanitário desde sua origem, há novecentos anos, quando construiu um hospital na Terra Santa dedicado a São João Batista. Em São Paulo, a ordem mantém um centro assistencial.

O diplomata apresentou-se formalmente como portador de uma mensagem do Vaticano e falou de sua missão: "Estou aqui para comunicar que o senhor receberá um prêmio, em Roma, das mãos do papa Bento XVI", disse. O padre Marcelo não reagiu de imediato, como se precisasse decodificar o que ouvia.

Dom Samaja explicou, em seguida, que se tratava de uma honraria concedida anualmente pelo papa a cinco pessoas a cada ano, indicadas por se destacarem na difusão do catolicismo no mundo. Era o Prêmio Van Thuan[2]. A honraria seria entregue no Vaticano no dia 22 de outubro.

---

2 Criado em homenagem ao cardeal vietnamita François-Xavier Nguyen Van Thuan, perseguido pelo regime comunista do Vietnã, onde cumpriu 13 anos de prisão. [*Nota da autora*]

Dom Samaja iluminou-lhe um dia que começava turvo. O que o padre Marcelo não sabia era que menos de 48 horas depois, no dia 29 de abril de 2010, muito antes de receber a bênção de Bento XVI, ele seria posto à prova. Os meses seguintes seriam de padecimento. Mas a dor e o recolhimento forçado resultariam em uma lição importante, a de que escrever salva. Dessas situações-limite, surgiram seus três principais livros: *Ágape* (2010), sobre o amor incondicional, *Kairós* (2013), falando do tempo de Deus, e *Philia* (2015), sobre o amor fraternal que vence a depressão.

O TEMPO HUMANO E O ESCRITOR

Quando se analisa a obra de um escritor, seja um sacerdote, um líder espiritual ou um romancista, não é possível dissociá-la do tempo do homem que a elabora, que atravessa madrugadas transferindo pensamentos e conjugando ideias diante de um computador.

Os três livros estão claramente ligados ao *khronos* do padre Marcelo, o seu "tempo humano", o que vivia e sofria em 2010, ano em que escreveu *Ágape*, e em 2012, quando elaborou *Kairós*, lançado em 2013, e o ser humano que lutava contra a depressão ao elaborar *Philia*. As três obras são consequência de uma série de fatos e questionamentos que têm desafiado o padre ao longo de um sacerdócio que derrubou muitas barreiras e preconceitos para aproximar a Igreja de seus fiéis.

Em 9 de maio de 2007, encontramos um Brasil mobilizado com a chegada de Bento XVI. São Paulo recebia a Quinta Conferência Geral do Episcopado Latino-Americano e Caribenho, objetivo principal da visita de Sua Santidade. A extensa programação incluía um encontro com jovens no estádio do Pacaembu, missas no santuário de Aparecida e em São Paulo, a cerimônia de canonização do frei Galvão e uma visita à fazenda Esperança, em Guaratinguetá, instituição para recuperação de dependentes químicos.

Era grande a expectativa do padre Marcelo. Recordista de vendas na indústria fonográfica com o CD *Minha bênção*, que vendeu 867 mil cópias em 2006, ele tocava através da música um enorme público. Nada mais natural do que receber um convite para cantar na visita papal. Um artigo do jornal *O Globo*, de 6 de abril de 2007, chegou a anunciar que no dia 11 de maio os padres Marcelo Rossi e Jonas Abib fariam um show logo depois do encerramento da missa celebrada pelo papa no Campo de Marte, em São Paulo.

UM SONHO DESFEITO

O padre Marcelo esperava receber a bênção do papa e ter a honra de cantar para Sua Santidade, mas foi escalado para se apresentar às 5h40 da manhã, antes da cerimônia de canonização do frei Galvão, no Campo de Marte. Com pouco público — a maioria das pessoas ainda a caminho do local — e ainda sem a presença de Bento XVI.

Na sexta-feira, 11 de maio, segundo o portal *G1*, o padre, que abriria as celebrações, chegou ao local por volta das 5h15 e foi barrado por um policial federal que fazia a segurança. "O senhor não pode entrar aqui. Sua credencial não vale nada neste setor", anunciou um agente vestido de terno preto, usando óculos. "Procure a assessoria da organização do evento, caso contrário não vai entrar", avisou.

Em pé, no frio, com o segurança barrando sua passagem, o padre Marcelo esperou com paciência que alguém aparecesse para autorizar sua entrada. Não perdeu o bom humor e naquela manhã gelada, sob uma temperatura de 10ºC, garantiu que aqueceria a todos com um show programado para começar às seis horas, abrindo a cerimônia sem a presença do papa. Não realizou o sonho de cantar para Bento XVI

Depois de tudo, entretanto, a ficha da humilhação caiu. Magoado, sentiu-se diminuído e não reconhecido apesar do intenso trabalho pela igreja. Não se conteve e desabafou na imprensa: "Fui jogado de lado." Naquele fim de madrugada, cantou duas músicas com o coração apertado. O sonho de se aproximar do papa e receber sua bênção se desfizera, pelo menos naquele momento.

Segundo o editorialista do jornal *O Globo*, Luiz Paulo Horta, autor do livro *De Bento a Francisco: uma revolução na Igreja*, "como padre Marcelo fala de um modo simples para pessoas simples, há uma tendência para menosprezá-lo. Quando Bento XVI veio, ele não encontrou com o papa. Aquilo foi triste, um caso de divergência interna dentro da Igreja. É mesquinho. Como em toda organização muito grande acontece. É a natureza humana."

Alguns dias depois desse episódio, o padre Marcelo faria aniversário. Comemoraria 40 anos, um número redondo, simbólico, a entrada em uma nova década, os "enta", como diz o povo. Talvez fosse a hora de reformular alguns hábitos. Já nos primeiros meses de 2007, a maratona de compromissos lhe cobrara um alto preço. Disposto a todos os sacrifícios para levantar fundos com o objetivo de concluir a obra do Santuário de Teotókos, não percebeu que o corpo dava sinais de grande estresse.

Começou a sentir-se indisposto com certa frequência e a ter crises de hipertensão, que atingiu níveis de alto risco, até 19 por 16, levando-o a recorrer a medicamentos permanentes. Em 12 de setembro de 2007 foi internado às pressas no hospital Nipo-Brasileiro, no parque Novo Mundo, Zona Norte de São Paulo. Depois de vários exames os médicos diagnosticaram um pré-infarto, atribuindo o problema ao ritmo de vida.

Segundo reportagem da *Folha de S. Paulo* publicada no dia seguinte, em seu programa de rádio *Momento de fé,* o padre comentou o que aconteceu: "Ontem fui internado, quem me acompanhou foi Sônia Abrão. Deve ter percebido que eu estava muito mal, pensei que fosse uma virose, mas não, foi um pré-infarto do miocárdio." Viajou em seguida para Porto Alegre, no Rio Grande do Sul, para se consultar com seu cardiologista, o médico Fernando Lucchese.

A AGENDA DESACELEROU, MAS A TRISTEZA NÃO

O padre decidiu então pisar no freio. No ano seguinte, ele que, além da pesada agenda diária, costumava fazer três grandes espetáculos por ano, limitou-se à gravação do DVD *Paz sim, violência não*, que atraiu cerca de três milhões de pessoas ao Autódromo de Interlagos.

Tentou, na medida do possível, enxugar a lista de compromissos. Se algum alívio veio, pouco percebeu. O padre desacelerou, mas a tristeza, não. Esta aprofundou-se nos meses seguintes. Como uma sombra, a introspecção, quase um vazio, não fosse sua fé, passava a encobrir uma das características de sua personalidade, precisamente aquela imagem extrovertida, o motor que energizava multidões.

Ao se negar a usar calmantes, o padre Marcelo, em troca, intensificou a prática de ginástica e aeróbica. Imaginava que um método mais orgânico para combater a hipertensão seria buscar, com os exercícios, que o corpo passasse a produzir mais endorfina. Apesar dos cuidados, estava escrito que os últimos acontecimentos apenas levavam o padre ao encontro de seu destino. Haveria nos próximos meses caminhos e obstáculos que mudariam sua vida. Um deles, com data e hora: 29 de abril de 2010, quatro da madrugada.

Ele não conseguia dormir por causa do jogo em que o Flamengo, por 1 a 0, tirou seu time, o Corinthians, da disputa da Copa Libertadores da América. Como o sono não chegava, resolveu correr na esteira. O exercício durou pouco. Não mais do que cinco minutos. Uma vertigem fez o padre pisar em falso e ser lançado para trás.

Na hora chegou a proteger a cabeça, regra aprendida nas aulas de artes marciais da época de adolescência, quando ainda era chamado de Marcelão pelos amigos. Ergueu-se sentindo a clavícula, mas depois de uma consulta médica descobriu que tinha rompido todos os ligamentos do tornozelo esquerdo. Na previsão mais otimista, seriam meses de tratamento, o que afastava qualquer possibilidade de viagem.

DOR, FRUSTRAÇÃO E RECONHECIMENTO

Ao ouvir do médico que ficaria em rigoroso repouso, o padre Marcelo logo pensou na possibilidade de não poder ir ao Vaticano para receber o Prêmio Van Thuan. E se não se recuperasse naquele prazo? Aquela seria a oportunidade — que lhe fora negada no Brasil — de aproximar-se do papa. "O prêmio mostrava que a Igreja Católica não só respeitava meu trabalho como o considerava digno de premiação. Por muitos anos sofri pressão de dentro e de fora da igreja por meu modo de transmitir o Evangelho", avaliou. O Van Thuan, que lhe foi concedido com o título de Evangelizador Moderno, era a resposta oficial, o sinal de apoio, que mesmo nos momentos mais difíceis, quando as críticas quase o abatiam, ele intuía que um dia viria.

Acamado, confinado, Marcelo Rossi sofria por antecipação a frustração de possivelmente perder a oportunidade de ir a Roma. Nas madrugadas insones, procurava encontrar em suas atitudes a falha que o tornara merecedor do desalento.

Nos três meses seguintes, ficou em uma cadeira de rodas. Para celebrar a missa, necessitava da ajuda de quatro pessoas para ser conduzido ao altar. Fazia quatro horas de fisioterapia diariamente. Os remédios contra a dor provocavam retenção de líquidos no seu organismo. Entrou em depressão. Engordou quarenta quilos. Mas a angústia e a frustração certamente pesavam muito mais.

SUPERAÇÃO NAS ASAS DE UM DIÁRIO

Para tentar vencê-las, decidiu escrever uma espécie de diário com suas orações e reflexões. O diário ganhou asas. Tornou-se um diálogo do padre com seus filhos, como ele mesmo definiu, "com o propósito de levar as pessoas a assimilar Ágape, o amor de Deus que dá substância à vida".

Foi assim, como consequência da aflição que vivia, que, em 125 páginas, oferecendo uma oração a cada capítulo, e inspirado no Evangelho de São João, o padre escreveu o livro que o fez superar a limitação do momento. Alcançou uma circulação de milhões de exemplares e foi lido por mais de 8,5 milhões de pessoas. A renda obtida pelo best-seller, que teve uma versão para o público infantil, tornou possível a construção do Santuário Mãe de Deus, em Interlagos, São Paulo.

O Capítulo 2 da obra apresenta a oração que durante os dias de imobilidade apaziguou a alma do padre Marcelo. É uma exaltação a Maria, a mãe que é a expressão imaculada do amor "que não exige retribuição", o amor incondicional. É a prece que mais traduz seus dias de confinamento e dor.

Na cadeira de rodas, sentindo-se impotente, descobriu em determinado momento que, se parasse de se perguntar por que aquilo tinha acontecido, talvez encontrasse uma saída. Longe da rotina agitada, recolhido, encontrou um tempo interno de reflexão e oração que lhe revelou o essencial. Refletiu sobre a palavra "amor" em grego e se viu diante de uma riqueza de significados. Amor em grego é *éros*, o amor físico. É também *filia*, o amor filial. E *ágape*, o amor divino, que existe, absoluto, sem qualquer cobrança.

Naquele período sentiu-se, por um instante, desamparado e abandonado por Deus, mas aceitou seus desígnios e tirou novas forças do sofrimento. Ele admite que começou a recuperar-se no momento em que aceitou a missão de escrever *Ágape*. A dor o levou a algo maior. O livro fala de dor e de superação, mas nem de leve registra a luta do padre para recuperar-se. Passar por tudo aquilo o aproximou ainda mais dos fiéis.

SANTO AGOSTINHO INSPIRA *KAIRÓS*

Depois de *Ágape*, veio *Kairós*. Na contracapa deste último, lançado em 2013 pela Editora Globo, o padre Marcelo destacou uma passagem bíblica sobre o tempo. "Um dia diante do Senhor é como mil anos, e mil anos é como um dia", diz o versículo 2. Pedro 3:8.

O tempo é um tema fundamental para o sacerdote desde 1997, quando estudava os antigos padres da Igreja, pilares do cristianismo. Na época, ele dedicou especial atenção a Santo Agostinho, que, além de construtor de vários dogmas, foi um filósofo engenhoso. Em sua obra, especialmente no clássico *Confissões*, Santo Agostinho debruçou-se sobre uma meticulosa análise do tempo. Para Agostinho, o passado é apenas uma lembrança do que já foi; o futuro é a antecipação do que virá. E ambos, passado e futuro, só existem no presente. O tempo foi sempre um enigma para os homens. Na cultura greco-romana, ganhou status de divindade mitológica. *Khronos* era o tempo cronológico, o "tempo dos homens". *Kairós*, o tempo refinado, qualitativo, o tempo certo, a hora e a vez, o "tempo de Deus".

A MENSAGEM QUE VENCE A DESESPERANÇA

Ágape fez um enorme sucesso, alcançando corações e mentes de milhões de pessoas. Pelo Brasil inteiro, nas cidades onde o padre Marcelo lançava o livro, formavam-se filas enormes, cada um dos fiéis comprando vários exemplares. Embora feliz por ter atingido seu objetivo, ao conversar com leitores que viram no livro um apoio importante, o padre percebeu que, mesmo entre aqueles que estavam abertos à mensagem, havia quem se queixasse de ter feito as orações e acrescentado às preces pedidos a Deus para que ajudasse em aflições, problemas e angústias. Queixavam-se de que não foram ouvidos. Deus não os atendeu.

Lançado em 2010 e escrito durante os meses de confinamento, *Ágape* pensava o amor incondicional, o amor divino. O padre Marcelo costuma ressaltar a tranquilidade e a paciência como dons de Deus. Mas frequentemente advertia que a paz não é um pressuposto de que os problemas deixarão de existir. Ensina, finalmente, que haverá um tempo necessário para fortalecer a confiança no amor que virá. É a espera alimentada pela esperança. Mas certa desesperança foi o que o padre percebeu nos fiéis, que entendiam que não haviam sido atendidos. Quando essa aparente contradição se apresentou, ele interpretou que Deus o convocava a escrever um novo livro. Assim nasceu *Kairós*.

O padre Marcelo Rossi guardou a cadeira de rodas, mas, toda vez que passa por um momento difícil, olha para ela. A cadeira o faz se lembrar de que, se souber esperar, a realização chegará no momento certo. Ele voltou a andar um mês antes de ir a Roma para receber o Prêmio Van Thuan e a bênção do papa Bento XVI. Foi o momento certo. "Se não tivesse sofrido o acidente, não teria escrito *Ágape*. Se não tivesse aprendido a esperar, não teria escrito *Kairós*", diz.

O KAIRÓS DE CADA UM

Essa é precisamente a essência do seu segundo livro. O padre Marcelo Rossi quis mostrar aos seus leitores que "Deus tem um kairós reservado para cada um de nós". A cura vem não no tempo dos homens, mas quando Deus acha que é a hora. Como em *Ágape* — do qual lançou também uma versão ilustrada para crianças, o *Agapinho*, com ensinamentos sobre conceitos como justiça, perdão e solidariedade —, o autor oferece, ao fim de cada capítulo de *Kairós*, uma oração para aliviar o coração dos leitores, para renovar suas esperanças. Ele ensina que compreender o amor divino é entender o tempo de Deus. E é esse entendimento que aliviará a ansiedade. Foi precisamente o que Deus quis lhe ensinar a partir do acidente na esteira ergométrica — quase inexplicável para quem tinha tanta prática no equipamento. Ficou a lição: o cansaço e a impaciência são inerentes ao tempo humano. Uma atitude típica de quem espera graças imediatas. Deus mostra o caminho e ensina a aguardar a hora. O tempo de Deus.

Embora tenha sido escrito primeiro, *Ágape*, que fala do poder transformador do amor divino, é na verdade uma consequência de *kairós*. De um *kairós* revelado e vivido pelo autor em um de seus maiores momentos de espera.

PHILIA, UM ANTIDEPRESSIVO ESPIRITUAL

Em várias etapas do seu sacerdócio, o padre Marcelo comparou a Igreja a um lugar de cura, capaz de amenizar os males e os problemas de um cotidiano assombrado por medos e angústias bem reais. Desemprego, crise, doença, conflitos familiares, disputas, inveja, perda da fé.

O padre, que sempre consolava seus fiéis, viveu em 2014, durante sete meses e vinte dias, uma depressão profunda. Emagreceu demais, e da experiência nasceu mais um diário, o terceiro de sua trilogia, *Philia*, que em grego significa o amor dos pais por seus filhos.

"A vida perdeu o colorido para mim", afirmou em entrevista durante o lançamento do livro, editado pelo selo Principium, da Globo Livros. São 136 páginas, divididas em 14 capítulos, cada um com uma oração e um depoimento pessoal do padre sobre o enfrentamento de males como depressão, ansiedade, tristeza, pessimismo, medo, remorso, vício, desemprego, maledicência, inveja, ciúme, ira, ingratidão e autoimagem.

"Deus resumiu os mandamentos em amar a Deus e ao próximo como a si mesmo. O problema da depressão é que a gente não se ama", afirmou o padre Marcelo numa das entrevistas dadas por ocasião do lançamento do livro, que incluiu uma maratona por setenta cidades do Brasil. A libertação, segundo ele, aconteceu no 14º capítulo, ao descobrir a importância da autoimagem. No processo de cura, reencontrou nos exercícios físicos, na oração, na leitura e na composição de músicas para o CD *O tempo de Deus* uma terapia capaz de restaurar na alegria a saúde da alma.

ERGUEI AS MÃOS: ONDE TUDO COMEÇOU

No dia 27 de julho de 2013, Copacabana amanheceu embaixo de chuva. Para os padrões do Rio de Janeiro, fazia frio. Mas nada comprometia o calor dos milhares de jovens que, vindos de todo o mundo, participavam da 28ª Jornada Mundial da Juventude (JMJ). Mochilas nas costas, exibiam orgulhosos o símbolo do evento gravado em agasalhos e camisetas. Muitos haviam passado a noite abrigados em barracas montadas na areia da praia mais famosa do mundo. Eram os grandes protagonistas, ao lado do carismático papa Francisco, de uma das mais belas festas que o Rio já recebeu.

No imaginário internacional, Copacabana, que foi o ponto central da JMJ, é uma Babilônia moderna. Desde a década de 1940, sofisticados cassinos — havia pelo menos dois, o do Copacabana Palace e o Atlântico — e boates mundialmente famosas deram fama ao bairro. Prazer e pecado, alegria, sofisticação e luxo eram conceitos superficialmente associados a uma região cuja rotina, ontem e hoje, vai muito além da vida noturna. Mas a suave e harmoniosa curva da praia, emoldurada por uma muralha de prédios que à noite se transforma em um colar de luzes, firmou-se como o logotipo preferencial de point de eterna agitação que o bairro cosmopolita passa para o mundo.

Copacabana, contudo, jamais foi uma Las Vegas. Se o pecado mora ao lado, nem por isso deixa de ter vizinhos mais virtuosos: famílias, escolas, igrejas, trabalhadores, comerciantes e bancários conviviam e convivem na mistura festiva que lhe deu fama. Naqueles dias de JMJ, boa parte dos moradores do bairro juntava-se aos jovens que lotavam a praia, espalhando-se por quase quatro quilômetros ao longo da orla, e cantavam enquanto aguardavam o início da programação religiosa, aberta com apresentações musicais.

A música é, a propósito, outra das marcas de Copacabana ao longo de décadas. Um apartamento do Leme, bem perto de onde estava montado o altar papal, abrigou na virada dos anos 1950 e 1960 as primeiras audições da Bossa Nova. Antes, nas vozes de Dolores Duran, Tito Madi, Maysa, Dick Farney e outros, Copacabana, a Princesinha do Mar, cantou o amor e a dor da saudade. Eram os tempos da "música de fossa", que embalava em salões enfumaçados paixões impossíveis e amores perdidos.

Tudo ali parece ganhar dimensões grandiosas ao preencher a orla, com cerca de seis quilômetros de extensão.

Mas, naquela manhã de sábado, outro fenômeno musical, do tipo que ultrapassa os sentidos e mira a alma, reinaria absoluto na faixa de areia ocupada por milhões de espectadores.

"QUIS DEUS QUE FOSSE AQUI"

Entre suas verdades e lendas, a linha do tempo de Copacabana passou a grifar, com a realização da JMJ, uma impressionante demonstração de fé católica. Como parte da programação, um cântico cristão, na voz do padre Marcelo Rossi, estava destinado a preencher e alegrar os corações dos participantes enquanto cumpriam uma vigília às vésperas da missa que marcaria a despedida do papa Francisco. O sacerdote deveria se apresentar em Guaratiba, Zona Oeste da cidade, onde um grande altar e instalações preparadas para receber dois milhões de peregrinos seriam o palco e a plateia em que os católicos varariam a noite.

As chuvas que caíam no Rio alagaram o espaço e inviabilizaram o evento naquele local. Havia um clima de decepção, embora não de desânimo, entre os jovens e até mesmo na cúpula da igreja e entre os voluntários que trabalhavam havia meses para construir a gigantesca infraestrutura em Guaratiba. Não houve alternativa: a vigília foi transferida para Copacabana. Um desafio para os organizadores, já que se tratava de mudar, de última hora, o ponto de encontro de três a quatro milhões de pessoas.

Havia uma certa e justificada apreensão na Cúria Metropolitana e na Prefeitura do Rio. Cogitava-se até mesmo cancelar parte da programação. Até aquele sábado, tudo transcorria bem na JMJ, à parte os sustos que a descontração do papa Francisco, que se aproximava do público, apertava mãos e beijava crianças, teimava em dar no seu aparato de segurança. O povo e a Cúria esperavam que a paz coroasse até o fim a calorosa visita papal.

No palco, antes de começar a cantar, o padre Marcelo tinha isso em mente. Já nos primeiros acordes do grupo musical que o acompanhava, ele lançou um olhar profundo para a multidão. Parecia tentar ver o rosto de cada um daqueles jovens e adultos que coloriam a praia com bandeiras de países como Suíça, Itália, Polônia, Estados Unidos, França, Argentina, Japão, Filipinas, República Checa, Rússia, Portugal, Brasil e de muitos outros, uma autêntica ONU da fé e da paz.

Como se estabelecesse contato visual com jovens e adultos, o padre, que demonstrava uma emoção especial, embora acostumado a enfrentar grandes plateias, disse, simplesmente: "Quis Deus que fosse aqui. Deus está aqui neste momento. Sua presença é real. Vamos cantar juntos para o nosso querido papa Francisco." E passou aos primeiro versos de "Noites traiçoeiras". Foi uma injeção de ânimo e esperança a que a multidão respondeu com aplausos. As bandeiras foram agitadas. Alguns fiéis não contiveram as lágrimas. Com apenas cinco palavras — "Quis Deus que fosse aqui" —, o padre Marcelo jogou luz sobre uma polêmica que ocupava as primeiras páginas dos jornais.

Ele via o contratempo sob um novo ângulo, um prisma muito maior, mais brilhante. Os jovens entenderam a mensagem. O padre sabia que o que eles praticariam ali, seu exemplo de fé, superaria em muito a discussão que tomava conta da cidade, analisando o investimento, a responsabilidade e disseminando acusações de suposta falta de planejamento.

Na sua breve avaliação, o padre Marcelo optou pela humildade. Era como se afirmasse: aqui temos a solução, a vontade de Deus. "Era para ser em Guaratiba, não é verdade? Mas Deus tem seus planos. Olhem para o mar! Tudo começou no mar e recomeça no mar. Deus quis que fosse aqui em Copacabana. Amém!", anunciou.

Era a deixa para a multidão formar um imenso coro, fazendo a "segunda voz" da canção "Noites traiçoeiras". Diz um trecho da letra que a multidão ecoou: "Deus te trouxe aqui. Para aliviar o teu sofrimento. É Ele o autor da fé. Do princípio ao fim. Em todos os seus tormentos." Na sequência, o padre cantou outro dos seus sucessos. Foi a vez de a emoção ceder lugar à alegria.

A canção "Erguei as mãos" tem a pureza e a simplicidade dos versos despretensiosos. Aqueles que são escritos a lápis. Não parecem ter vindo dos bits e bytes formais de um laptop. Alguém já disse — certamente inspirado pelos animais citados na letra — que a canção foi ditada ao padre por São Francisco de Assis. "Erguei as mãos e dai glória a Deus. Erguei as mãos e cantai como os filhos do Senhor. Os animaizinhos subiram de dois em dois. Os animaizinhos subiram de dois em dois. O elefante e os passarinhos como os filhos do Senhor", diz a letra.

Com arranjos vibrantes e coreografia idem, "Erguei as mãos" é um dos maiores sucessos musicais do padre Marcelo. As cantoras de axé costumam usar o refrão "sai do chão" para animar suas plateias. Naquela manhã, o padre nem precisou falar a palavra de ordem: Copacabana "saiu do chão", cantou e pulou como nunca. A canção atinge fiéis de todas as idades, mas focaliza uma faixa de ouvintes que o padre considera especial. "Estou na TV e nas rádios para falar de Deus", disse ele certa vez. "Vocês imaginam quantas crianças podem ouvir minha mensagem?"

NO RITMO DA FÉ

O Brasil não tem muita tradição de música religiosa. Ao contrário do que aconteceu, por exemplo, nos Estados Unidos, onde os negros criaram trilhas sonoras memoráveis para os seus cultos, os belos *spirituals* das comunidades cristãs, aqui se cantavam nas igrejas, no caso as católicas, alguns hinos, como "Queremos Deus", e "Com minha mãe estarei".

A música se aproximou da liturgia lentamente, em tímido *andamento*. Em 1955, o Rio sediou o 26º Congresso Eucarístico Internacional, que guardou certa semelhança com a JMJ. Ocupou grande área no Aterro do Flamengo, ainda em construção, e se tornou o primeiro grande evento a merecer cobertura ao vivo da então TV Rio, além de ampla difusão por uma dezena de emissoras de rádio.

Naquela ocasião, a cúria promoveu um concurso entre músicos, maestros, poetas e intelectuais católicos para a escolha de um hino oficial do congresso. O vencedor foi o maestro Maximiliano Hellmann. A letra do hino foi escrita pelo monge beneditino e poeta dom Marcos Barbosa.

Milhares de folhetos em mais de dez idiomas foram distribuídos entre os fiéis. Um imenso coral entoou o hino, cujo refrão, convidando à eucaristia, foi amplificado pelas rádios e exibido pela então emissora líder, a TV Rio. "De todo o canto, vinde, correi, foi posta a mesa do nosso Rei", cantava a multidão. Foi a primeira vez no Brasil que a religiosidade se somou, de fato, ao poder dos meios de comunicação de massa.

Anos depois, o Concílio Vaticano II, realizado entre 1962 e 1965, abriria mais espaço para a música em cerimônias religiosas. Celebrações da santa missa passaram a conviver com percussões e violões. Os católicos foram, aos poucos, sendo convidados a louvar em cânticos Jesus e Nossa Senhora.

Compositores católicos como Roberto Carlos ("Jesus Cristo, Jesus Cristo, eu estou aqui"; "Nossa Senhora me dê as mãos") ou João Mineiro e Marciano ("Sou caipira, Pirapora, Nossa Senhora de Aparecida, ilumina a mina escura, o trem da minha vida") fizeram muito sucesso com canções pop, de inspiração religiosa.

Nos anos 1970, com o movimento da Renovação Carismática Católica, foram organizados em muitas paróquias festivais de música que mobilizavam centenas de jovens compositores. Era lançada a semente para a expansão de um segmento que hoje é parte do trabalho de evangelização em milhares de cidades.

Vieram os padres-cantores e as bandas denominadas *white metal*, em contraponto ao *heavy metal* roqueiro. A propagação das bandas é um fenômeno à parte e teve efeito multiplicador. Além dos grupos que gravaram CDs, é incontável o número de jovens de pequenas comunidades que passaram a expressar sua fé católica através da música.

Coube ao padre Marcelo, a partir do enorme sucesso de seus CDs, abrir um novo campo, ir além do pop. Ele difundiu a canção que dialoga com a liturgia e cumpre a premissa de louvar o Senhor e Nossa Senhora. Não foi fácil a trajetória musical do padre Marcelo. Como espinhos no caminho, ele recebeu muitas críticas. Muitos não entendiam seu propósito de usar os meios de comunicação em nome da inclusão religiosa das novas gerações ou de fazer brotar novamente sementes de fé adormecidas.

Vaidade pessoal era uma "acusação"; tornar-se "celebridade", outra estocada. Preconceito injustificado. Já se perde nos séculos um exemplo de usufruto por parte da Igreja de um meio de comunicação. Ou não foi a *Bíblia Sagrada* o primeiro produto a sair da prensa criada por Guttenberg em 1450? Com 642 páginas, o livro foi a ferramenta que ajudou a divulgar a fé cristã.

No século passado, nem mesmo o Vaticano escapou de críticas ao aderir aos meios de comunicação de massa. A iniciativa de inaugurar a Rádio Vaticano, em 1931, foi vista por muitos católicos tradicionais como um recurso "profano" indigno de propagar a mensagem de Cristo. Um simples padre a frequentar as paradas de sucesso não sairia ileso. O padre Marcelo ouvia as críticas em silêncio. Seu tom ao se referir ao assunto sempre foi conciliador ou quase didático. Com paciência, costumava expor seu ponto de vista e mostrar que o meio não interferia na mensagem: a evangelização. O tempo mostrou que tinha razão.

A melhor resposta veio das ruas, do povo, da aceitação das suas músicas, da extraordinária repercussão dos seus versos, da eletrizante reação de jovens e adultos diante de shows como "Em nome do Pai", que lotou o Maracanã, no Rio de Janeiro, no dia 12 de outubro de 1999.

ERGUEI AS MÃOS: ONDE TUDO COMEÇOU

O estádio registrou um público de 161.722 pessoas. O padre Marcelo já não estava sozinho no palco. Ao seu lado, um time de mais oito padres (Zeca, Jorjão, Antonio Maria, Zezinho, Jonas Abib, Carlos Henrique, Eduardo Dougherty e Sérgio). Foram cinco horas de som. Quando cantou "Erguei as mãos", o padre fez tremer as arquibancadas como se fosse uma torcida de futebol vivendo a emoção de uma final de Copa do Mundo.

CONECTADO A JESUS

Dois anos antes, em 1997, foi lançado o CD *Canções para louvar ao Senhor*, que o consagrou como fenômeno de mídia. Foram 3,7 milhões de cópias vendidas. Em 1999, *Um presente para Jesus* alcançou dois milhões de unidades; no mesmo ano, *Canções para um novo milênio* foi a 1,5 milhão. Desde então, o padre lançou mais nove CDs. O penúltimo, *Já deu tudo certo*, foi mais um sucesso consagrado. E *O tempo de Deus*, com músicas compostas para vencer uma depressão em 2014, chegou ao público com objetivos terapêuticos. Muitos desses álbuns podem ser baixados gratuitamente no site oficial do padre.

O padre Marcelo conta que sempre gostou de música. O rock do U2, o som do Paralamas, Kid Abelha, de Elis, Roberto Carlos, Chico Buarque estavam no seu discman.

"Mas nunca gostei dos Rolling Stones. Por causa de 'Sympathy for the Devil'", revela.

Um crítico teria dificuldade para identificar eventuais influências importadas das preferências musicais do adolescente Marcelo, mas não deixaria de notar o enorme poder de comunicação das canções que ele compõe.

QUEM CANTA REZA DUAS VEZES

Para o padre Marcelo Rossi, a música é instrumento para a propagação da mensagem cristã, bem de acordo com o famoso ensinamento de Santo Agostinho: "Quem canta reza duas vezes." Na maioria das letras, o apelo evangelizador se destaca. É o fio condutor de toda a obra musical cantada pelo padre Marcelo. Como na canção "A alegria", ao alertar que "a verdadeira paz só tem aquele que já conhece a Jesus". "Anjos de Deus" conta do enviado "chegando para receber sua orações e levá-las a Deus". E pede: "Então abra seu coração e comece a louvar."

São incontáveis as demonstrações públicas da força das letras e da presença em cena do padre Marcelo. Em outubro de 2001, no Aterro do Flamengo, no Rio, ele cantou durante cinquenta minutos para uma multidão que pontuava cada verso com palmas ou balançando e estendendo os braços. Realizava-se naquele dia o Primeiro

Encontro Nacional da Família pela Paz. Outras atrações, como o padre Jorjão, Zeca Pagodinho, Chitãozinho & Xororó, Grupo Molejo e Angélica, subiram ao palco. O padre Marcelo foi a presença mais marcante, segundo a reação do público.

Em 2 de novembro de 1999, Dia de Finados, em um terreno ao lado do Santuário do Terço Bizantino, em São Paulo, Roberto Carlos e o padre Marcelo reuniram cerca de seiscentas mil pessoas por ocasião de uma missa em homenagem aos mortos. No evento, "Saudade, sim, tristeza, não", antes de cantar, o padre mandou um recado à multidão sobre a perda de entes queridos.

ROBERTO CARLOS E A PRECE POR MARIA RITA

Ele lembrou que aquela era uma celebração da vida. "Saudade, sim, tristeza, não", dizia. Uma das razões da presença de Roberto Carlos na missa também emocionou a plateia. O cantor, ao deixar o palco, revelou, com a voz trêmula, que havia feito uma prece para sua mulher, Maria Rita, que então sofria de câncer.

Se nos CDs, como *Paz, Anjos, Minha bênção, Ágape, Paz sim, violência não*, o padre Marcelo multiplica sua mensagem, nos DVDs demonstra um talento para interpretar e aprofundar em cada pausa, em cada gesto, em cada expressão, o dom da evangelização. Em média, os

DVDs atingem trezentas mil cópias. Mas é incalculável o número de visualizações em sites e no YouTube.

Gravados ao vivo, incorporam toda a energia que percorre as plateias. Na verdade, uma característica desses audiovisuais é que, diferentemente do estilo dos astros e estrelas comerciais, a plateia é estimulada pelo padre a ser protagonista. Ele atua como um mestre de cerimônias que conduz o show. É o dono do espetáculo que abre espaço para a performance de um coadjuvante precioso, espontâneo e autêntico: o povo. E essa parceria só enriquece o show. A interação é irresistível.

Curiosamente, o fenômeno, a troca de sensações e impressões, se repete no YouTube. Se nas gravações ao vivo dos DVDs o público canta, demonstra emoção, responde com lágrimas ao apelo "dessa força chamada Jesus" lançado pelo padre Marcelo, no canal de vídeos da rede a resposta vem na forma de milhares de mensagens.

Em 1999 a canção "Erguei as mãos" animou bailes de carnaval e até trios elétricos na folia baiana. O padre Marcelo foi questionado, em tom de cobrança, sobre o que achava. Afinal, o carnaval não é o símbolo máximo de uma festa profana? Como sempre, sem polemizar, o padre deu, na época, uma serena resposta cujo prazo de validade não se esgota: "Se a minha música está levando as pessoas ao encontro de Jesus, eu devo dar glória a Deus."

"PADRE, FALTA O CINEMA!"

Três cruzes intrigam quem chega à praia de Ponta do Mel, em Areia Branca, no Rio Grande do Norte. A postos sob o sol, com o mar ao fundo, é como se esperassem algum milagre. Geograficamente, de certa forma, ele já acontece: Areia Branca é o único lugar do mundo onde o sertão encontra o mar.

O milagre não aconteceu, mas foi encenado quando o ator Luigi Baricelli interpretou Jesus Cristo na crucificação no filme *Maria, mãe do filho de Deus* (2003), dirigido por Moacyr Góes. O padre Marcelo interpretou o papel do anjo Gabriel e dele mesmo, como narrador da história.

UMA NOVA FORMA DE CONTAR A HISTÓRIA DE JESUS

As cruzes permaneceram na praia como ponto turístico e lembrança do longa, visto por mais de 2,5 milhões de espectadores. "O que me deixou mais feliz foi que *Maria*, *mãe do filho de Deus* atraiu um número enorme de pessoas que nunca tinham ido ao cinema", afirma o diretor do filme.

Em 2000, depois de evangelizar através da música em CDs campeões de venda, do rádio e da televisão, o padre Marcelo Rossi chegou a pensar: "Puxa, cumpri minha promessa! Mas alguém da gravadora disse: 'Não, padre, falta o cinema.' Falei: 'Cinema?! Cinema é mais difícil. Não sou artista, sou padre.'" Porém, ele acabou comprando a ideia. Resolveu apostar numa inovação: contar a história de Jesus sob o ponto de vista de Maria.

* * *

Maria, mãe do filho de Deus apresenta duas histórias paralelas. Na primeira, Maria Auxiliadora (Giovanna Antonelli) é uma mãe muito pobre e atormentada pela doença da filha, Joana, de 7 anos. Precisa pegar o resultado de um exame da menina e, como não tem com quem deixá-la, pede ao padre da paróquia local, papel do padre Marcelo, para cuidar da pequena. Enquanto espera a volta de Maria Auxiliadora, o padre conta à criança a história de outra Maria, a mãe de Jesus.

O filme tem um sabor bem brasileiro. Tem gosto de alfenins, bala de rapadura oferecida a Joana pelo vendedor ambulante. É o olhar da menina que conduz o espectador. Ao receber a bala de presente, ela imagina o vendedor como Jesus e vai interpretando a história à sua maneira. Em Maria a criança vê a figura de sua mãe, e assim por diante.

"Sempre vi uma criança no roteiro", explica o padre Marcelo, para quem o público infantil foi desde o início o principal a ser atingido. "Quero chegar a toda a família, mas principalmente às crianças", afirmou. Com apenas 6 anos, Ana Beatriz Cisneiros interpretou Joana.

"CARACA, PADRE!"

Ana Beatriz estava no seu primeiro ano de trabalho quando contracenou com o padre Marcelo Rossi. Já era uma pequena atriz e participava do programa *Gente inocente*, na TV Globo. Bruna Marquezine chegou a fazer testes para o filme, mas o papel acabou ficando com Ana.

"A gente sempre passava as falas antes de começar cada cena, e ele (padre Marcelo) era ótimo", lembra Ana Beatriz. "O engraçado é que eu era muito pequena e ele, muito grande. Certa vez, fomos fazer uma cena e os nossos sapatos faziam muito barulho, prejudicando o áudio. Com isso, precisamos colocar umas borrachinhas na sola dos calçados. Enquanto o meu levou apenas seis borrachinhas, o do padre precisou de para lá de vinte. Na hora, eu, muito menina, comentei: 'Caraca, padre, que pé grande!' Todo mundo riu, e, mais que isso, virou o grande bordão da filmagem. Sempre que acontecia qualquer coisa de impressionante, podia ser o que fosse, as pessoas já diziam: 'Caraca, padre!', mesmo que não fosse com ele."

Para Ana Beatriz, "o padre era incrível. Não precisava falar nada que já passava uma paz interna a todos que estavam filmando. Entrava no set muito atencioso, orando, benzendo todas as coisas e abençoando todos. Além disso, o fato de o filme ser religioso fazia diferença, era como se ele tivesse um significado especial".

Ao longo das gravações — que aconteceram por cerca de quatro meses no Rio de Janeiro, no município de Quissamã, e no Rio Grande do Norte —, segundo Ana Beatriz, muitas pessoas ficaram doentes. "Fui internada com meningite viral, o Luigi teve uma reação como se tivesse sido picado por várias abelhas e até o padre teve uma diarreia muito forte. Foi um filme muito espiritual, que mexia bastante com as pessoas", lembra.

"Quando filmei com o padre Marcelo, não tinha a exata consciência de que ele era um padre, então isso não me inibiu. Todo dia ele chegava e conversava comigo. Eu era uma espoleta, ele brincava comigo de adoleta. Era diferente da forma como os outros adultos me tratavam. O padre Marcelo não tinha nenhuma dificuldade de guardar as falas. Como o personagem dele contava a história para uma menina, ele agia como se estivesse conversando", recorda a atriz.

"PADRE, FALTA O CINEMA!"

A DESCOBERTA DE UM NOVO PÚBLICO

Por falta de referências em matéria de filmes religiosos no cinema nacional, *Maria, mãe do filho de Deus* chegou aos cinemas em 2003 como uma completa novidade e uma incógnita em termos de bilheteria. Com um orçamento de aproximadamente sete milhões de reais, perdendo apenas para superproduções como *Carandiru*, que teve um custo de 12 milhões, o resultado foi mais um sucesso de audiência do padre Marcelo Rossi. Um desempenho à altura do cuidado na produção, conduzida por Diler Trindade, conhecido pelos trabalhos no cinema com Xuxa e Os Trapalhões.

Para participar do projeto, o padre Marcelo precisou deixar sua gravadora, a Universal, e assinar contrato com a Sony, que possibilitaria a realização do longa em parceria com a Columbia Pictures. Convidado por Diler Trindade para dirigir, Moacyr Góes lembra o impacto de *Maria, mãe do filho de Deus* no Rio Grande do Norte, sua terra natal: "A missa rezada em Natal, no estádio do Machadão, em ação de graças pelo lançamento do filme, foi um grande evento, com a presença de milhares de pessoas em reverência ao padre."

Os arredores de Ponta do Mel, Areia Branca, Dunas do Rosado, as falésias, Praia de São Cristóvão, Porto do Mangue e Sítio Arqueológico do Lajedo de Soledade foram as locações. "Filmamos no interior e no norte do estado durante dez dias. Era sempre tranquilo trabalhar com o padre Marcelo, que o tempo todo teve muita clareza da importância dele no filme e do fato de não ser ator. Foi generoso e ouviu todas as minhas orientações", relata Moacyr, que dirigiu também o segundo filme feito pelo padre Marcelo, *Irmãos de fé*, com Thiago Lacerda no papel de São Paulo.

"Os dois filmes foram importantes para o projeto de evangelização do padre Marcelo", observa Moacyr. "E em ambos a música, feita por Ary Sperling, teve um peso considerável. Entraram composições originais e outras usadas nas missas", Moacyr continua. "Segura na mão de Deus", "Nossa Senhora" e "Foi por você" são alguns dos sucessos, já cantados nas missas do padre Marcelo, que entraram, em versão orquestrada, nas trilhas criadas por Ary.

Moacyr Goes não é católico. "Mas isso nunca foi problema. Gosto de estudar. Estudei passagens bíblicas e fui além disso. Tenho clareza da importância do filme para os católicos", afirma o diretor, que escolheu os atores junto do padre Marcelo. Moacyr contou com a ajuda de dom Fernando Figueiredo para garantir que cada cena estivesse de acordo com os preceitos do catolicismo.

CONVERSÃO, TOLERÂNCIA E AMEAÇA DE SEQUESTRO

O ano de 2003 foi cheio de acontecimentos marcantes na vida do padre Marcelo Rossi. Depois de contar a vida de Jesus pelo olhar da Virgem Maria, debruçou-se sobre o apóstolo São Paulo. O escolhido para viver o homem que abriu as fronteiras do cristianismo, levando a palavra de Deus muito mais longe, foi o ator Thiago Lacerda.

Assinado por David França Mendes, o roteiro mostra duas tramas simultâneas: a do menino Paulo, que, ao lado de um amigo, assalta um casal de idosos, vê o companheiro morrer e vai parar na FEBEM[3], e a do próprio apóstolo Paulo, o perseguidor de cristãos que acaba se convertendo.

No filme, padre Marcelo Rossi entrega uma Bíblia ao menor, que, revoltado, a atira longe. O livro cai no chão com a página aberta na história de São Paulo, que passa então a ser contada. A mensagem, segundo o padre Marcelo, é a tolerância. "É possível romper as barreiras da violência utilizando apenas uma palavra: amor", afirmou o padre, que em 2003 chegou a sofrer uma tentativa de sequestro por parte da organização criminosa PCC (Primeiro Comando da Capital) e passou a andar com seguranças.

Nessa ocasião, o carro do padre foi interceptado por outro veículo. A ameaça, segundo os jornais da época, foi uma forma de retaliação às medidas do governo estadual de São Paulo contra o crime organizado, cujos líderes eram mantidos isolados em presídios de segurança máxima. Além do nome do padre Marcelo Rossi, a lista de possíveis vítimas tinha também juízes, diretores de presídios, deputados, senadores e três cardeais.

---

[3] Fundação Estadual para o Bem-Estar do Menor, hoje Centro de Atendimento Socioeducativo ao Adolescente (Fundação CASA).

Ao descobrir que a rotina do padre estava sendo rastreada pelos sequestradores, o governador Geraldo Alckmin, segundo o *Jornal da Tarde*, o avisou do perigo que estava correndo.

A violência e a tensão, a insegurança e o sentimento de ter sua privacidade ameaçada, de certa maneira, se refletem nas primeiras cenas de *Irmãos de fé*.

Thiago Lacerda, José Dumont, Cláudio Corrêa e Castro, Othon Bastos e Fabio Sabag deram humanidade e credibilidade aos personagens do longa. Para Marcelo Rossi, o mais importante foi mostrar a conversão, a mudança de vida. No mundo de hoje, quando tantas pessoas matam ou falam de morte em nome de Deus, o amor é fundamental. Como antídoto, nada como ler as belíssimas cartas de São Paulo aos Coríntios.

"Com a vida de Paulo, tocamos na vida do jovem de hoje, que infelizmente está à mercê das drogas, da bebida, da violência", revelou o padre, que contou com o apoio e a consultoria do professor Gabriel Chalita no trabalho com a FEBEM, hoje Fundação CASA.

"SE NÃO TIVER AMOR, NADA TEREI..."

Para o padre, o filme tem dois momentos emblemáticos. Um deles quando São Paulo, cego, revê todo o seu passado. O outro quando o apóstolo, arrependido, pede perdão à irmã de santo Estêvão, que ele matara impiedosamente na perseguição aos cristãos. "Esse filme é a mensagem do perdão", disse o padre Marcelo Rossi. "Ele mostra uma maneira de enfrentar situações difíceis através da palavra de Deus, da paciência e da docilidade."

"Ainda que tenha o dom da profecia e uma fé capaz de mover montanhas, se não tiver amor, nada serei" — são as palavras de Paulo em uma de suas cartas aos Coríntios, que, para Moacyr Góes, são de uma beleza impressionante. Para o diretor de *Irmãos de fé*, a tolerância é absolutamente fundamental e premente no mundo de hoje.

Os cenários de *Irmãos de fé* foram construídos no Rio Grande do Norte e no estúdio, no Rio de Janeiro. "O padre Marcelo era muito aplicado, muito atento. Sempre que vinha para filmar, o clima mudava muito. É um homem carismático. Queríamos ser fiéis a uma história extraordinária como a de Paulo. É Paulo que vai ampliar as fronteiras do cristianismo. Ele simboliza um determinado momento em que a Igreja se abre. O personagem é complexo, importante e autor de textos lindos, com os quais defendeu a palavra de Cristo", observa Moacyr Góes.

Debate e disputas que levam a brigas corporais dentro da sinagoga chamam a atenção em *Irmãos de fé* em cenas, segundo o historiador André Chevitarese, inesperadas para o público brasileiro. Pesquisador do Instituto de História da Universidade Federal do Rio de Janeiro, André foi o responsável pela reconstituição de época, que serviu de base também para o figurino e o cenário.

"Em algumas cenas, por exemplo, Paulo, interpretado por Thiago Lacerda, entra numa sinagoga para falar e seu discurso provoca na mesma hora desunião e pancadaria", observa o historiador. "Procuramos mostrar que uma experiência religiosa nunca é harmônica. Cada pessoa tem a sua. A própria ideia do judaísmo é plural. Ao expor esses elementos incômodos, como o conflito entre Paulo e Tiago no terreno humano, o objetivo é mostrar que nem sempre os cristãos formam uma grande família harmoniosa. Moacyr teve a sensibilidade de agregar olhares que, ao mesmo tempo que produzem um incômodo, um mal-estar, provocam reflexão", conta André.

"SE TE CONVIDAREM, NÃO OCUPES OS PRIMEIROS LUGARES…"

Do cenário da sinagoga à lamparina, André Chevitarese fez uma pesquisa detalhada para orientar o diretor. "Na época, usava-se, no interior das casas, a lamparina com uma só boca, caracterizando situação de pobreza. As lamparinas com dez ou 12 queimadores são uma raridade, só para os ricos, pois consomem mais azeite. Os objetos de tortura não são simples invenção cenográfica, mas foram pesquisados na literatura antiga romana, nos afrescos", afirma André, lembrando que as locações escolhidas foram paisagens áridas com muito sol, que lembravam a Judeia, a Galileia e a Jordânia.

Ao pesquisar o Jesus histórico no cinema em mais de 120 filmes, André descobriu que apenas seis trazem o lava-pés. "Na visão capitalista, é um absurdo o rico lavar o pé do próprio escravo", explica ele. Na maioria, a cena da ceia não tem nada a ver com o que aconteceu realmente no século I. "Nos ambientes do século I", continua André, "as pessoas ceavam praticamente deitadas em divãs, chamados de *kline*, em grego. Eles não tinham mesa. As costas da outra pessoa, vizinha de mesa, funcionavam como encosto. Existe uma passagem em que está escrito: se te convidarem, não ocupes os primeiros lugares. O que significa isso? É o anfitrião escolhendo quem estará pele com pele com ele."

Ao levar gente que nunca havia frequentado uma seção de cinema para ver filmes como *Maria, mãe do filho de Deus* e *Irmãos de fé*, o padre Marcelo Rossi descobriu um público numeroso, carente de informação. Os filmes foram fundamentais para um trabalho de evangelização que mais tarde, na internet, atingiu e mobilizou uma quantidade ainda maior de fiéis.

A PAZ EM REDE E EM FAMÍLIA

"Sou apaixonado pelo Face", declarou o padre Marcelo Rossi ao amigo e entrevistador João Dória Jr. Ele entrou no Facebook em 9 de maio de 2011. "A cada semana procuro unir rádio, TV e Internet em torno de um tema." Assim ele vai mudando sempre o assunto e tocando nas questões diárias. "Pelo Sagrado Coração de Jesus, que todos sejam tocados e se voltem apenas para Deus", postou uma vez. "Meu Deus, através do teu corpo e do teu sangue, peço que me dês força para lutar contra todo tipo de vício..."

O padre Marcelo criou uma comunidade virtual, um ponto de encontro com as datas e os santos católicos, evocados para proteger e iluminar o caminho de milhares de pessoas. Confiante na internet como instrumento de comunicação, acreditou nas mídias sociais e percebeu que na rede estaria o seu púlpito digital, de alcance quase infinito mas nunca capaz de substituir as relações pessoais.

A PAZ EM REDE E EM FAMÍLIA

As orações e os santos se sucedem, aliviando e pacificando um cotidiano muitas vezes tumultuado. "Santa Rita de Cássia, intercedei e abençoai a todos que sofrem direta ou indiretamente com o câncer!", escreveu ele. O padre Marcelo faz questão de citar Madre Tereza de Calcutá, uma de suas personalidades favoritas: "A oração e a conversão tornam nossos corações transparentes, e só um coração transparente pode ser tocado por Deus."

Se nas gravações ao vivo dos DVDs, que aconteceram tantas vezes, ele via o público cantar, demonstrar emoção, responder com lágrimas ao apelo "dessa força chamada Jesus", no canal de vídeos da rede a resposta vem na forma de milhares de mensagens. Como a da médica que afirma assistir a *Ágape* todo começo da madrugada, em uma pausa do seu árduo plantão em um hospital. "É realmente o meu calmante da noite. Já nos primeiros minutos de cada novo dia, paro para ver o *Ágape*. É como se fosse meu primeiro suspiro de cada dia, minha vitamina C que me revigora a cada canção", escreve ela.

Ou o rapaz que agradece: "Padre, essas músicas confortam meu coração. Obrigado por dividir isso conosco." Ou, ainda, um "obrigado, padre Marcelo. Você foi enviado por Deus para restaurar nossas famílias. Beijos e que Deus o ilumine sempre. Amém." Ou o ex-dependente químico que deixa seu testemunho: "Deus não escolhe lado, apenas o chama. Seja qual for sua religião, tenha fé e escute a Palavra que a obra será feita em nossas vidas.

Digo por experiência própria: sou católico e Jesus me tirou da cachaça. Para isso acontecer não precisei mudar de religião, apenas ter fé e me entregar na mão de Deus. Pensem nisso."

Na rede, o instrumento principal é um portal oficial (www.padremarcelorossi.com.br) com uma ampla variedade de canais. Há links para o acompanhamento da liturgia diária, dos programas de rádio, a reverência aos santos do dia, a capela virtual (onde os fiéis podem rezar o terço e pedir orações).

Um canal bastante acessado — e que o padre divulga sempre no seu programa de rádio — é o da vela virtual, no qual os fiéis podem escolher a cor da chama de uma vela digital de acordo com o problema que os aflige.

A CHAMA DA VELA VIRTUAL

Pode ser a falta de emprego, uma crise conjugal, um caso de doença, um apelo para o êxito de um negócio ou o bom termo de uma viagem. A vela virtual vai ao encontro de preces e pedidos cruciais na vida dos fiéis. Os exemplos são inúmeros, e um dos mais sugestivos aconteceu em uma semana em que milhões de jovens fariam as provas do Enem (Exame Nacional do Ensino Médio), fonte de ansiedade para os estudantes e de preocupação para os seus pais.

A vela branca indicava ao internauta: "Na intercessão de São Judas Tadeu, eu acendo esta vela por esta prova do Enem que vou fazer na confiança de que já deu tudo certo." Ou a vela verde: "Na intercessão de São Judas Tadeu, eu acendo esta vela por esta prova do Enem que meu familiar vai fazer na confiança de que ja deu tudo certo."

Quebra-cabeças, caça-palavras sobre conhecimentos bíblicos, fotos, indicações para organização de caravanas, canais multimídia para download de músicas, vídeos, programas e fotos compõem o conteúdo do site, que oferece links para o Facebook e o Twitter do padre Marcelo. Por cinco anos seguidos, o portal foi o vencedor do Prêmio iBest, que aponta os melhores sites do Brasil.

A página no Facebook ultrapassa os três milhões de seguidores. Há postagens com mais de um milhão de curtidas. Em um dos programas de rádio, ele falou sobre a capacidade de multiplicação da sua mensagem. "Com certeza, são milhões de formiguinhas de Jesus compartilhando. Nós contamos com cada uma", convocou o padre Marcelo, que utiliza também o Instagram, batizado de Formiguinha de Jesus, para amplificar sua evangelização.

No Facebook, há notícias sobre suas atividades, registros de lançamentos dos livros e comentários sobre *Ágape, Kairós, Philia* e sobre as palavras do padre em seus programas de rádio, mas predominam os pedidos de ajuda espiritual e graças para combater a depressão, as brigas de casais afetados pelas dívidas e várias outras questões.

"Padre preciso muito de uma oração para meu marido. Ele está com depressão, só diz que vai morrer e chama muito o nome do nosso adversário. Nossa vida é dois passos para frente, três para trás. Nos ajude, padre. Eu coloco a água todos os dias para ser abençoada. Obrigada, padre."

"Peço sua bênção pois estou passando por momentos difíceis no meu casamento por causa das dívidas que nós temos. Meu marido sempre que chega o dia de pagar as contas acaba se irritando e acabamos sempre discutindo."

O padre Marcelo tem à disposição, hoje, toda essa tecnologia. Demonstra saber a importância de usá-la com eficiência, na medida de seu talento de comunicador e na extensão da sua missão de sacerdote. Ao atrair multidões, não esquece que sua inspiração para pregar o Evangelho ganhou força naquelas pequenas reuniões realizadas sem os instrumentos tecnológicos que ele nem sequer imaginava que um dia teria à disposição da sua missão. A ferramenta principal era a fé, que explica sua força catalisadora nas mídias sociais.

FACEBOOK EM FAMÍLIA

O padre não tem um endereço pessoal no Facebook, mas aparece abraçando toda a família no da mãe, Vilma, que é tão fã do Facebook como o filho. No centro da fotografia, ele acolhe o pai, Antonio, a mãe, as irmãs, Marta e Mônica, e os sobrinhos, Matheus e Lucas, filhos de Mônica, batizados em homenagem aos apóstolos.

Essa é uma das raras imagens de Marcelo Rossi no Facebook de Vilma, que não chama o filho pelo nome, mas simplesmente de "padre" ou carinhosamente de "meu menino". Nesse perfil familiar, descobrimos um pouco sobre a rotina no santuário em fotos de Vilma com Mônica e Marta, com os funcionários e funcionárias em impecáveis guarda-pós, em clima sempre fraternal. Nas postagens de Vilma, a intimidade de uma família que trabalha unida pela fé.

Em plena Copa do Mundo, a foto de um terço e da tela da televisão ligada no jogo do dia 17 de junho de 2014 mostram não só a torcida mas a prece da mãe do padre Marcelo Rossi pelos jogadores brasileiros e um desabafo feito no meio da partida: "Senhor, misericórdia, nós não aguentamos mais." Aflita como todos os brasileiros, Vilma também sofreu com o desempenho da seleção.

Pequenas revelações da intimidade dos Rossi pontuam o Facebook da mãe do padre Marcelo, como o doce de abóbora com coco feito em casa, que seu Antonio, pai do padre Marcelo, adora. Seu Antonio Rossi tem um hobby: colecionar vídeos, que ele costuma guardar e catalogar com muito cuidado. Um flagrante dele na videoteca, cercado de fotos da família, suscitou vários comentários e uma bem-humorada indiscrição de Vilma: "... o padre quando vem em casa gosta de mexer para ver o pai bravo."

As imagens refletem também a vida de todos trabalhando pela eficiência do santuário num dia a dia onde o capricho está nos mínimos detalhes. A imagem de pequenos paninhos brancos para envolver as ampolas que guardam as hóstias é um exemplo. Vilma vibra mostrando que acabaram de ser bordados com uma máquina de costura nova.

Quem vê a agitação dos lenços brancos empunhados pelos fiéis nas missas do santuário não imagina de onde surgiram. No perfil de Vilma no Facebook, ela revela que eles foram confeccionados pela dedicada equipe do santuário e agradece: "Gente! Só Deus! Produzimos, como disse Mônica, 3 mil lencinhos... milagre... equipe linda... Deus abençoe."

O TEMPLO

Quem passa pelas ruas do bairro de Interlagos, em direção a Teotókos, Santuário Mãe de Deus, vê todos os tipos de igreja: das evangélicas à Universal. Praticamente em cada esquina há um culto. Estão todas sempre abertas para acolher os fiéis, seus pedidos e suas preces. Amplo e contemporâneo, com sua cruz vista ao longe como um cartão-postal da cidade de São Paulo, Teotókos foi feito para funcionar como ponto de peregrinação e referência turística. Desenhado e criado para abraçar o maior número possível das ovelhas de um rebanho, que, segundo o padre, precisa de espaços cada vez maiores.

A arquitetura do templo, segundo Ruy Ohtake, responsável pelo projeto, foi pensada para conduzir à reflexão e à meditação. O lugar recebe famílias inteiras, amigos, caravanas ou simplesmente mãe e filha, como Claudia Santos e Gabriela, que frequentam o santuário desde que foi aberto ao público. "Na Basílica de Nossa Senhora Aparecida a emoção é grande, mas aqui o clima é diferente, uma mistura de paz e solidariedade numa missa que faz a gente se sentir muito bem no final", afirma Claudia.

Toda quinta-feira e todo fim de semana, um mar de lenços brancos acenando aguarda a bênção do padre Marcelo no santuário. "Ruy, eu vou enxergar todo mundo?", perguntou o padre ao ver pela primeira vez o desenho de Teotókos. "Você vai enxergar todo mundo e todo mundo vai enxergar você", garantiu Ohtake, que doou o projeto.

Em dezembro de 2004, ao olhar as linhas contemporâneas da maquete, o padre Marcelo Rossi decidiu que dedicaria todas as suas forças para concluir a obra. Embora tivesse recebido o projeto de presente, ele era sofisticado, e o desenho, cheio de curvas e detalhes, exigiria grande investimento em material, além de operários qualificados para realizá-lo. Quase uma missão impossível!

Com o dinheiro da venda de CDs, em julho de 2004, ele conseguira mais da metade da quantia para comprar o terreno de seis milhões. Na hora de quitá-lo, contou com o apoio do empresário Antonio Ermírio de Moraes, da Votorantim. As obras começaram na tarde do dia 26 de janeiro de 2006. Num evento simbólico, o padre Marcelo Rossi, o bispo dom Fernando Figueiredo e o secretário de energia, recursos hídricos e saneamento do estado de São Paulo, Mauro Arce, com a supervisão de um operador, subiram no trator e fizeram os primeiros furos no piso de cimento. "Apertei o botão errado e fomos para trás, quase caí...", conta o padre Marcelo em seu site.

O tempo foi passando, e, em 2009, sentindo-se mais esgotado, quase desanimou. A obra parecia um desafio acima de suas forças. Mais tarde, às vésperas da inauguração oficial, ele relatou, em entrevista ao jornal *O Estado de S. Paulo*: "Em 2009, em um almoço, dom Fernando Figueiredo, bispo de Santo Amaro, disse que nem com décadas de venda de CDs conseguiríamos pagar o Santuário. Fiquei chateado."

Os CDs ajudaram muito, mas o que salvou Teotókos foi na verdade o lançamento do livro *Ágape*, em 2010. Na esteira dele vieram outros sucessos: o CD *Ágape*, com 1,9 milhão de cópias vendidas, o livro infantil *Agapinho*, com seicentas mil, o DVD e o CD *Ágape, o amor divino*, com 302 mil e 283 mil cópias vendidas, respectivamente.

"AS PESSOAS ESTÃO LÁ!"

Em 12 de outubro de 2011, Dia de Nossa Senhora Aparecida, na pré-inauguração, com o centro religioso ainda em construção, mais de 73 mil pessoas foram à primeira missa, rezada pelo padre Marcelo. Com Nossa Senhora Aparecida estampada sobre a batina, ele estava exultante. "As pessoas estão lá!", dizia, com o coração aos pulos, para o repórter de uma emissora de televisão. "Acho que ele nem imaginava que apareceriam uns sessenta mil fiéis nessa pré-inauguração", conta Ruy Ohtake, para quem o conceito do templo está na própria celebração que o padre faz em suas missas.

A inauguração oficial aconteceu no Dia de Finados, 2 de novembro de 2012, com números impressionantes e a presença do arcebispo de São Paulo, dom Odilo Scherer, do governador, Geraldo Alckmin, e do arquiteto Ruy Ohtake. Área de trinta mil metros quadrados, capacidade para cem mil pessoas, dois mil voluntários, duzentos coroinhas, cinquenta mil hóstias por missa, quinhentos banheiros e estacionamento para dois mil veículos, Teotókos virou mais um ponto turístico da cidade. Até mesmo uma cripta com ossário foi feita para guardar os restos mortais dos padres e bispos da diocese de Santo Amaro, incluindo o próprio padre Marcelo.

De batina branca, padre Marcelo rezou a missa de inauguração às onze da manhã. Houve momentos emocionantes, como a apresentação de Alexandre Pires cantando "Sonda-me". O público foi brindado com a "Ave--Maria" interpretada por Agnaldo Rayol, que conhece o padre Marcelo há muito tempo. "Tive a oportunidade de cantar também para o maior público na minha vida, um formigueiro humano, seiscentas mil pessoas, no evento 'Saudade sim, tristeza não', no feriado de Finados em 1999."

Para Agnaldo, o padre Marcelo é uma pessoa especial, dono de um carisma inexplicável, um grande evangelizador. "Ele inovou dentro da Igreja Católica e trouxe muita gente de volta. Nos seus eventos nunca houve briga. Ele chega ao coração e ao espírito das pessoas de forma bonita. Tenho 56 anos de carreira e nunca vi nada parecido com o que ele realiza seja com livros, seja pela televisão ou pelo rádio. A inauguração do templo foi linda", lembra Agnaldo. "Canto sempre a 'Ave-Maria' de Gounod. Na pré-inauguração, cantei uma 'Ave-Maria' feita para mim pelo Humberto Pereira, 'Mater Dei'. Letra do Humberto e música de Dedé Paraíso, do Demônios da Garoa."

UM TEMPLO SOB MEDIDA PARA O RITUAL

Mais do que qualquer oração que o padre Marcelo possa rezar, segundo Ruy Ohtake, sua própria presença forte mas não intimidadora é que atrai. "Na arquitetura existem regras, mas a intuição é importante. A intuição é de vanguarda. Ele é inovador mantendo a espiritualidade. Nós discutimos muito a importância de ele enxergar a todos. Na hora de celebrar a missa, ele enxerga até o último fiel que estiver no limite do pátio. A igreja não é só a parte coberta, mas também o pátio em torno, que faz parte da própria celebração, proporcionando uma abertura mais ampla", afirma o arquiteto.

Todo esse espaço foi pensado por Ruy para funcionar sob medida para a cenografia ritual do padre Marcelo. "Ele permite que o padre percorra em volta toda a área com o Santíssimo no final da celebração. É um movimento que sempre faz em toda missa", explica o arquiteto, que fala também com autoridade de ex-coroinha. "Sou católico, já fui coroinha na Igreja Salesiana e conheci o padre Marcelo quando tinha a intenção de fazer o projeto da nova igreja. Ele sabe usar uma linguagem acessível numa forma mais democrática de celebração da missa", afirma Ohtake. "Procura transmitir alegria e não as ideias de perdão e pecado, que levaram a igreja a perder muitos fiéis."

COM A ENERGIA DOS PRIMEIROS CRISTÃOS

Theotokos quer dizer "Mãe de Deus" em grego. O nome tem sua razão de ser e se inspira na força evangelizadora dos primeiros tempos do cristianismo. Uma energia que impulsionou o padre Marcelo desde suas primeiras missas.

A igreja de Nossa Senhora do Perpétuo Socorro e Santa Rosália, em Vila Mascote, foi o marco zero da caminhada que levou o padre Marcelo Rossi ao santuário. Foi lá que o seu estilo próprio, a jovialidade e a capacidade de se comunicar começaram a atrair o público, especialmente novas gerações, para as suas missas.

As missas de libertação aconteciam desde 1995 às quintas-feiras pela manhã, à tarde e à noite, e aos sábados à tarde. Em 1997 o templo chegava a receber cinco mil pessoas, que transbordavam para a rua, numa extensão da igreja, onde os fiéis acompanhavam a liturgia através de alto-falantes. Na época, o padre recebia três mil cartas por mês.

EM BUSCA DE UM ESPAÇO

Em apenas quatro anos, o sacerdote paroquial consolidou-se como fenômeno religioso nacional e se tornou um poderoso difusor da palavra de Jesus. À medida que o número de fiéis aumentava, o padre Marcelo Rossi ia mudando de endereço em busca de espaços cada vez maiores, nem sempre contando com a boa vontade da vizinhança, incomodada com o movimento, a presença de muitos vendedores ambulantes e a música alta.

O segundo endereço foi o Gonzagão, antiga casa de shows com capacidade para vinte mil pessoas na rua Mauro Paes de Almeida, em Santo Amaro. Ali, no dia 12 de fevereiro de 1998, ele rezou a primeira missa. O terceiro, batizado de Santuário do Terço Bizantino, com capacidade para quarenta mil, foi inaugurado com uma missa e a presença de dom Fernando Figueiredo, em 31 de maio de 1998, na rua Engenheiro Eusébio Stevaux, em Santo Amaro.

A tranquilidade durou pouco. Com a quantidade de fiéis continuando a crescer e a reclamação dos vizinhos, houve momentos em que, impedido de rezar a missa no santuário por causa de uma liminar que determinava a celebração a portas fechadas por causa do barulho, ele chegou a rezá-la ao ar livre, do alto de um trio elétrico.

TERÇO BIZANTINO: MANTRA CONTRA A ANSIEDADE

Embora tenha batizado o novo templo de Teotókos, o padre Marcelo mantém-se até hoje fiel ao terço bizantino, elemento-chave de sua evangelização. Ele sempre se interessou e estudou o cristianismo oriental, chegando a escrever um pequeno livro sobre o tema.

Filho legítimo do movimento da Renovação Carismática, aprendeu que a adesão ao catolicismo, no Brasil, não se dava mais, obrigatoriamente, de pai para filho e aprendeu a revalorizar manifestações mais simples de relacionamento com Deus, como romarias, bênçãos, novenas e o próprio hábito de rezar o terço, antes restrito às gerações mais velhas.

Enquanto o rosário da liturgia católica tem 150 contas, o terço bizantino tem cem. Originalmente, era um cordão de lã com uma série de nós. Em cada conta, o fiel deve dizer: "Senhor Jesus, Filho de Deus vivo, tende piedade de mim que sou pecador." Além da oração tradicional, há variações e adaptações feitas para casos de enfermidades, estresse e outros problemas pessoais.

A frase indicada é repetida ao longo do terço. O padre Marcelo ensina que o fato de o apelo se reproduzir, como um mantra, por cem vezes faz com que a mente seja envolvida pelo que está sendo repetido.

As jaculatórias do terço bizantino podem e devem ser verbalizadas, segundo o padre, mesmo sem a ajuda de contas, em momentos de depressão, de tristeza, em casa, em uma fila, enquanto se aguarda a vez, em um engarrafamento ou durante uma caminhada em um parque. Isso ajuda a combater a impaciência que determinados momentos geram.

Rezar as jaculatórias eleva o pensamento e afasta a negatividade. Além de tudo, é mais prático: enquanto o rosário exige cerca de meia hora, o terço bizantino consome meros dez minutos.

"VOCÊ JÁ SOFREU UM ASSALTO ESPIRITUAL?"

"Você já sofreu um assalto espiritual?", pergunta o padre em determinado momento da missa aos fiéis. "É quando querem tirar a nossa fé", explica. Sob o grande domo de vidro em tons de azul e laranja que cobre o pé-direito de 22 metros, a claridade envolve a todos, embalados pela música e comprometidos com a liturgia. A multidão participa cantando, erguendo lenços brancos e carteiras de trabalho para serem benzidos.

Por trás da harmonia da celebração, nos bastidores, uma família trabalha unida. Seu Antonio Rossi é responsável pelas missas e a mãe do padre, Vilma, é sócia do sacerdote na empresa Terço Bizantino Ltda. ME, criada em 1997 com a autorização da diocese. Cinquenta por cento da empresa pertence ao padre e 50% à mãe. Segundo dom Fernando, em entrevista à *Folha de S. Paulo*, a empresa foi criada para garantir a manutenção interna do santuário. Dentro de Teotókos, cinco barracas vendem terços, velas, lenços, santinhos, livros e vídeos do padre Marcelo Rossi.

No final de cada missa, o padre não se retira sem antes jogar, de maneira divertida e bem-humorada, baldes brancos de água benta nos fiéis. A promessa feita ao ouvir João Paulo II está sendo cumprida. Ele sabe por que quis construir Teotókos. Por oitenta mil boas razões, o número de fiéis que o templo comporta.

A INSPIRAÇÃO QUE VEIO DO VATICANO

Quem anda pela Via Della Conciliazione, que leva à praça de São Pedro, não imagina que toda a sua grandiosidade custou a demolição de 22 prédios medievais e renascentistas entre 1936 e 1950, quando ficou pronta, como resultado do acordo entre o Vaticano e Benito Mussolini. Com o acordo, o catolicismo passou a ser a religião oficial do país. O peso da história não tirou a emoção do padre Marcelo, que, ao perceber de longe os anjos esculpidos sobre a cúpula da Basílica de São Pedro, sentiu o coração bater mais forte.

No dia 29 de outubro de 2010 ele cruzou a praça de São Pedro, emoldurada como um fraternal abraço pelas colunatas simétricas de Bernini, e entrou no Vaticano para receber das mãos de Bento XVI o Prêmio "Evangelizador Moderno", concedido pelo papa em memória do cardeal vietnamita François-Xavier Nguyen Van Thuan.

Ele tinha motivos para estar feliz. Seu trabalho no Brasil ainda sofria críticas. O reconhecimento papal pela difusão do catolicismo "lavou sua alma", como admitiu mais de uma vez. "Continue", disse-lhe Bento XVI ao entregar o prêmio.

RATZINGER E A CRÍTICA À MISSA SHOW

Quando Bento XVI, sucessor de João Paulo II, foi eleito, em 2005, houve certa apreensão. O cardeal Joseph Ratzinger vinha de um cargo importante na hierarquia do Vaticano: prefeito da Congregação para a Doutrina da Fé, ex-Santo Ofício. Definido como conservador, alguns esperavam que ele condenasse a modernização de várias práticas da Igreja já em curso. Antes de ser indicado, Ratzinger se manifestou contra o que chamou de "criatividade" de alguns sacerdotes, criticando missas que se transformam em "shows" de rock e música pop.

Na época, a imprensa procurou o padre Marcelo por considerar que, no Brasil, ele poderia ser um dos alvos de uma eventual ofensiva do novo papa contra os elementos supostamente profanos introduzidos pela Renovação Carismática.

Tranquilo, o padre Marcelo disse não acreditar em qualquer tipo de censura. "Na Renovação Carismática não temos músicas profanas, são profundamente religiosas. Não é show. Não infringimos as normas litúrgicas. Nosso objetivo é fazer com que os jovens voltem à Igreja", disse ele, na época, em entrevista coletiva.

Dom Fernando apoiou mais uma vez o padre, afirmando que suas celebrações apenas louvavam o Senhor. "As músicas e os hinos que cantamos são de louvor, são os Salmos", completou ele. Na mesma entrevista, o padre Marcelo disse acreditar que Bento XVI faria um pontificado de "unidade na diversidade" e defenderia a multiplicidade na unidade.

Apesar da demonstração de obediência e do otimismo diante do sucessor de João Paulo II, o padre Marcelo não imaginava que seis anos depois estaria diante do novo Pontífice para receber uma homenagem exatamente pelo seu trabalho inovador de evangelização.

Bento XVI, ao contrário do que deu a entender inicialmente ao se referir com sutileza ao que seria um excesso de "criatividade" dos padres cantores, não os reprimiu. Seu papado, porém, até pelo seu temperamento mais contido, não foi marcado pelo carisma ou pelo apelo midiático mais exuberante e tão caro aos novos evangelizadores. Ao longo do seu papado, de 19 de abril de 2005 a 28 de fevereiro de 2013, reafirmou-se, nas suas decisões e interpretações como defensor da ortodoxia católica, um pensamento mais conservador.

JOÃO PAULO II DESPERTA VOCAÇÕES

Eternizada pelos grandes artistas do Renascimento e do Barroco, Roma evoca o cristianismo em cada rua, em cada praça, no solo e no subsolo. A Santa Sé é celebrada nos quadros de Rafael, Cellini e Michelangelo, na arquitetura de Bramante e nas igrejas de Borromini. A dor e o sacrifício dos primeiros cristãos são lembrados no imponente Coliseu e nas catacumbas de Domitilla, de San Calixto, San Clemente e San Panfilo.

A velha Roma é um exuberante sinônimo de fé, e encontrar o papa é uma graça para poucos. Para o padre Marcelo Rossi, além de uma graça, uma inspiração de vida, principalmente na de João Paulo II. "Ele despertou a vocação em muitos padres", lembra o padre Jorjão, cujo trabalho com os jovens também se inspira em João Paulo II. "Eu me lembro que, no dia em que ele foi eleito, senti o desejo de ser padre. Foi em 1978", diz o padre Jorjão. "O papa João Paulo II sempre esteve com a juventude. Como padre e mesmo como bispo, vivia sempre com os jovens, andando de caiaque ou esquiando nas férias. Os meninos e as meninas disputavam quem iria no caiaque com ele. Na universidade, conversava abertamente com eles sobre namoro e casamento. Era chamado carinhosamente de padre Lolek. Um apelido para Carol, como se fosse Carlito."

A INSPIRAÇÃO QUE VEIO DO VATICANO

EM VEZ DE TRINTA MIL, TREZENTOS MIL JOVENS

De tanta convivência, o papa chegou a escrever, na década de 1940, sobre namoro, sexualidade e afetividade. "Ao ser eleito cardeal, foi a mesma coisa", conta o padre Jorjão. "Continuou acampando com a garotada. Existem histórias maravilhosas sobre ele. Um dia foi acampar, e a chuva apertou tanto que pediram abrigo a um padre, que o hospedou no galinheiro sem saber que ele era cardeal."

O padre Jorjão lembra que João Paulo II foi eleito papa em 1978 e pouco depois, no início da década de 1980, convocou o jubileu dos 1950 anos da paixão, morte e ressurreição de Jesus. "Padres, freiras, casais, crianças, artistas, atletas, todos os tipos de pessoas foram chamadas por ele para um encontro em Roma. Isso foi quase na Páscoa. E, em vez de trinta mil jovens, como esperavam, apareceram trezentos mil. Os jovens não queriam que aquele encontro terminasse para que outros jovens tivessem a mesma oportunidade de se encontrarem. E o papa então criou a Jornada Mundial da Juventude em 1984", recorda Jorjão.

O padre Marcelo também faz parte da geração tocada pelo exemplo de João Paulo II. Muito antes de receber o Van Thuan, em 1997, participou de uma missa celebrada por João Paulo II. Do encontro, ficou uma recordação marcante. Por ser formado em educação física, o padre não pôde deixar de observar a postura curvada do papa, o sobrepeso na coluna vertebral, o comovente esforço para caminhar. Imaginou o sofrimento físico que era para o Pontífice ficar ajoelhado durante mais de vinte minutos.

"Quando o papa tirou as túnicas, vi que sua coluna estava completamente torta devido à sequela do tiro disparado em 1981 e ao deslocamento de sua bacia. Mesmo assim ele ficou quarenta minutos ajoelhado, enquanto rezava", contou o padre, em 1998, à revista *Veja*.

O segundo encontro aconteceu em 2003, quando o padre foi levar a João Paulo II uma cópia do seu filme *Maria, mãe do filho de Deus*. Na época, o mal de Parkinson já devastava a saúde do pontífice. Mesmo assim, a audiência para receber dom Fernando e o padre Marcelo foi mantida. O encontro, marcado para as dez da manhã, deixou o padre na maior ansiedade. "Rezei o terço antes de dormir e no dia seguinte, às oito horas, eu e dom Fernando já estávamos na porta esperando, no maior frio. O papa abriu um sorriso, tocamos no nome de dom Eugênio (Sales) e falamos no significado do filme," conta.

UMA SÉRIE DE TV IMPRESSIONA O JOVEM MARCELO ROSSI

Sua inspiração sacerdotal nasceu muito antes desses dois encontros. A trajetória de Karol Wojtyla imprimiu marcas profundas na Igreja, no foco renovado da evangelização e até mesmo na geopolítica mundial. Durante a década de 1980, especialmente após a repercussão do atentado na praça de São Pedro, em 1981 — quando o turco Ali Agca desferiu dois tiros contra João Paulo II —, o cinema e a TV produziram documentários, séries e longas-metragens sobre a vida fascinante do menino polonês que chegou a sucessor de São Pedro.

O papa, que reuniu multidões em três visitas memoráveis à Polônia comunista — e que fez renascer no país o catolicismo, entorpecido pelo regime mas não extinto na alma dos católicos —, era a personalidade mais focalizada pela mídia no final daquela década. Sua atuação e a pressão sobre os governos no sentido da abertura de fronteiras, sistemas econômicos e políticos para Cristo foi recebida pelos líderes mundiais como decisiva para a queda do comunismo ateu. O Muro de Berlim foi ao chão, afinal, em dezembro de 1989, como um símbolo dos novos tempos.

PADRE MARCELO E JOÃO PAULO II: VOCAÇÃO EM TRANSMISSÃO DIRETA

Recém-formado em Educação Física, com 22 anos, o padre estava afastado de Deus desde os 16. Traumatizado pela morte de um primo e pelo drama de uma parente próxima que padecia de um tumor cerebral, ele buscou conforto em atividades paroquianas que o atraíram de volta à igreja.

Se a vocação estava adormecida no espírito do professor, a inspiração que faltava e que o levaria ao seminário veio da TV, coincidentemente o meio de comunicação que seria fundamental na missão evangelizadora do futuro padre. Naquele período de tristeza pelas perdas familiares e de um certo vazio espiritual, um dos muitos especiais de TV sobre a vida de João Paulo II impressionaria Marcelo Rossi.

Fotos da infância do papa, da Polônia sob o domínio dos nazistas e, depois, sob a opressão comunista, e a narração de fatos da formação do futuro papa desenhavam as características de uma personalidade que lhe parecia fascinante. Quanto mais se sucediam as cenas sobre a adolescência de Wojtyla, o gosto por esportes e a corajosa ordenação na Polônia ocupada, mais Marcelo Rossi se identificava com ele.

À medida que avançavam os capítulos, até chegar à sagração como papa e à sua concepção de uma nova Igreja, formava-se em Marcelo Rossi a convicção de que o seu caminho levava a Deus. Uma das frases que João Paulo II pronunciava nos filmes e tantas vezes disse na vida real soava àquela altura como um irresistível chamado: "Não tenhas medo; abre as portas para Cristo."

DEVOÇÃO POR MARIA, MAIS UM PONTO EM COMUM

Eram particularmente impactantes as imagens que mostravam a histórica visita oficial do papa à Polônia comunista, em 1979. A multidão de católicos reunida em

A INSPIRAÇÃO QUE VEIO DO VATICANO

Varsóvia à luz do dia, como se deixasse finalmente as sombras autoritárias, muitas pessoas em lágrimas ao ouvir palavras de exaltação à fé, emocionava Marcelo Rossi.

Pouco depois de consagrado, Wojtyla, que usava uma simples estola de lã pontilhada de cruzes, deixou sua cadeira cerimonial, advertiu os seguranças que tentavam conter uma criança e se ergueu para abraçá-la. O gesto já demonstrava sua disposição de aproximar-se do povo, uma atitude característica do seu papado.

João Paulo II adotou o dístico *Totus Tuo, Maria* (Totalmente Teu, Maria). Maria teria presença destacada na consolidação da fé do futuro padre. Por isso não passou despercebido a Marcelo Rossi o trecho do filme em que o papa atribuía a Nossa Senhora de Fátima o milagre de ter escapado vivo do atentado na praça de São Paulo, ocorrido exatamente no dia 13 de maio, a data em que a Virgem apareceu para os meninos Francisco, Jacinta e Lúcia, em 1917, na Cova da Iria, em Fátima, Portugal.

Tais atitudes levaram Marcelo Rossi a dar um passo a mais em direção ao seminário. Era como se, a partir dali, seu caminho surgisse claro, sem curvas, sem dúvidas. Estava decidido: sua missão era servir a Deus, ao Evangelho, à Igreja. Até mesmo a relutância religiosa, que acometia Marcelo Rossi até aquela data, tinha certa analogia com a trajetória de João Paulo II.

Este, quando jovem, trabalhava em uma mina, era atlético, gostava de esportes, principalmente esqui, canoagem e futebol (era goleiro). Desejando ser ator, chegou a participar de vários espetáculos, teve amizades com mulheres. Wojtyla foi orador da sua turma no colégio. Tinha facilidade para comunicar-se.

Um dia, foi escolhido para fazer uma saudação na presença do cardeal Stefan Sapieha, que ficou impressionado pela fala do jovem e pela capacidade de transmitir suas convicções. Ao receber os cumprimentos de Wojtyla ao final da cerimônia, o cardeal perguntou-lhe se nunca havia pensado em tornar-se sacerdote. O jovem, surpreso, respondeu que não; seu objetivo era continuar os estudos de literatura na universidade. Anos depois, ao celebrar os cinquenta anos de sacerdócio, Wojtyla falaria sobre sua vocação. "Na sua intimidade mais profunda, cada vocação sacerdotal é um grande mistério, um dom que supera o ser humano. Apenas Deus a conhece."

EVANGELIZAÇÃO EM TEMPOS MODERNOS

Após a ordenação, em 1994, a identificação inicial do padre Marcelo com João Paulo II só se aprofundou. O papa via o mundo através do prisma teológico e não político. Posicionava-se, por exemplo, contra a Teologia da Libertação. No seu papado, os principais formuladores dessa linha de ação, que o Vaticano interpretava como próxima ao marxismo, foram condenados pela Congregação para a Doutrina da Fé.

Ao chegar ao trono de São Pedro, em 1978, ele herdou uma Igreja que desde 1962, pouco mais de uma década e meia, passava por mudanças. Eram as novas direções do Concílio Vaticano II. Naquela ocasião, cerca de dois mil bispos produziram um documento que revia algumas regras da Igreja. Mas as alas conservadoras avaliavam que a abertura havia ultrapassado os limites canônicos.

João Paulo II apoiava o ecumenismo, por exemplo, mas não se empenhava em modificar regras ou torná-las mais flexíveis. Era irredutível no que chamava de "cultura da morte", o controle de natalidade, a eutanásia e o aborto. Ao mesmo tempo, mostrava-se disposto a enfrentar os mesmos conservadores quando estes faziam restrições ao uso da mídia, à extrema exposição do Sumo Pontífice em viagens ou até à prática de conceder entrevistas coletivas, atitude inédita dos papas no relacionamento com a imprensa.

Para ele, como afirmou em mensagem comemorativa do Dia Mundial das Comunicações Sociais, a Igreja dava sequência, com a ajuda dos novos meios, à missão evangelizadora dos apóstolos. Assim aconteceu desde a invenção da imprensa, a chegada do rádio, da TV e, agora, da internet, à qual o papa dedicou algumas linhas no seu pronunciamento: "É importante que os cristãos descubram formas muito especiais de ajudar aqueles que entram em contato com a internet a passar do mundo virtual para o mundo real da comunidade cristã", escreveu.

Ao mesmo tempo em que afirmava a importância dos meios de comunicação como recurso indispensável, João Paulo II ressaltava que "as relações mantidas eletronicamente jamais podem substituir o contato humano direto, necessário para uma evangelização autêntica, porque a evangelização depende sempre do testemunho pessoal daquele que é enviado para evangelizar".

Quando o papa João Paulo II morreu, em 2005, havia visitado 129 países. Tornava prática, assim, a convicção de que o contato humano, a presença física diante de multidões que jamais poderiam ir ao Vaticano vê-lo e ouvi-lo da tradicional janela da biblioteca, de onde os pontífices costumam se dirigir ao povo reunido na praça de São Pedro, era e é essencial na evangelização.

FRANCISCO, O PAPA QUE VEIO DE LONGE

Na manhã de 11 de fevereiro de 2013, o Vaticano comunicou ao mundo a renúncia de Bento XVI, por motivos de saúde. A surpresa foi geral. Na sua mensagem de despedida, o papa agradeceu a todos que dividiram com ele o "amor e a fadiga" do seu ministério e pediu: "Agora confiemos à Santa Igreja à solicitude do seu pastor supremo, Nosso Senhor Jesus Cristo, e peçamos a Maria, sua Mãe

A INSPIRAÇÃO QUE VEIO DO VATICANO

Santíssima, que assista, com a sua bondade materna, os padres cardeais na eleição do novo sumo pontífice. Pelo que me diz respeito, nomeadamente no futuro, quero servir de todo o coração, com uma vida consagrada à oração, a santa Igreja de Deus."

Na sua página no Facebook, o padre Marcelo Rossi, ainda sob o impacto da notícia, escreveu que iria rezar: "Jesus faça o melhor para a nossa santa Igreja."

Com a renúncia de Bento XVI, que passou à condição de papa emérito, os cardeais elegeram o argentino Jorge Mario Bergoglio para o trono de São Pedro. Ao surgir diante da multidão reunida na praça de São Pedro, o papa Francisco demonstrou, ao falar pela primeira vez como pontífice, seu temperamento despojado, brincando com sua origem: "Vós sabeis que o dever do conclave era dar um bispo a Roma. Parece-me que os meus irmãos cardeais tenham ido buscá-lo quase no fim do mundo... Eis-me aqui! Agradeço-vos o acolhimento: a comunidade diocesana de Roma tem o seu bispo. Obrigado."

Nos dias que seguiram à sua posse, o papa Francisco passou a demonstrar que a descontração exibida na praça de São Pedro era um pequeno sinal do estilo peculiar de comunicação e de aproximação com o povo que adotaria no seu pontificado. Em uma das suas primeiras aparições públicas não protocolares, no dia seguinte à eleição, usou uma van comum para ir ao hotel retirar seus objetos e fez questão de pagar pessoalmente a conta.

Para o padre Marcelo Rossi, o comportamento frugal foi elogiável: "É uma expectativa muito grande, a começar pelo rompimento dos protocolos. Espero muito da renovação da Igreja, da opção pelos pobres", declarou na época à *Folha de S. Paulo*.

A mesma transparência o papa mostrou nas suas declarações à imprensa. Um dos seus primeiros comentários, talvez o que mais repercutiu naquele momento, foi sobre a homossexualidade. Sem se afastar da postura da Igreja sobre o tema, afirmou que os homossexuais "não devem ser marginalizados, mas integrados à sociedade". E concluiu: "Se uma pessoa é gay e busca ao Senhor, quem sou eu para julgá-la?"

O padre Marcelo Rossi esperava estar com o papa Francisco na sua visita ao Brasil por ocasião da JMJ, em 2013. Chegou a declarar que cantaria para o papa, a quem gostaria de presentear com o seu livro *Kairós*. Ele acabou cantando para os jovens que participavam do encontro, mas não na presença de Francisco.

Bem-humorado, o padre não perdeu o jogo de cintura quando no dia 4 de maio, no programa *Bem, amigos*, o apresentador Galvão Bueno o desafiou. O que faria, numa conversa com o papa Francisco, torcedor do San Lorenzo, para convencê-lo a virar corintiano. "É nóis", respondeu, rápido no gatilho, arrancando gargalhadas dos colegas de cena.

TODO MUNDO MERECE UMA SEGUNDA CHANCE

Culpa, castigo e penitência — foram palavras que durante algum tempo fizeram muitos católicos temerem a ira de um Deus impiedoso. Não adiantava se esconder, fugir, disfarçar. Ao mínimo deslize, lá estava o Todo-Poderoso, ameaçador, representado por um olho dentro de um triângulo.

Muitos de nós convivemos com essa imagem opressora em colégios que seguiam a tradição francesa do Jansenismo, uma linha mais rigorosa da Igreja Católica que surgiu no século XVII na França e chegou ao Brasil em várias instituições religiosas.

O padre Marcelo mostra que a relação com Deus pode ser diferente. Em vez de partir do princípio negativo do pecado e do erro, ele parte do perdão e da alegria, que é o Cristo Ressuscitado. Uma das frases que mais gosta de citar na missa é a do Sermão da Montanha, do evangelho de São Mateus: "Não julgueis e não sereis julgados.

Porque, do mesmo modo que julgardes, sereis também vós julgados e, com a medida com que tiverdes medido, também vós sereis medidos."

O padre colocou em prática esses princípios numa decisão polêmica: apoiar o cantor Belo, acusado de tráfico de drogas. Em vez de acusar, acolheu. No lugar de julgar, deu a mão, fazendo nascer assim uma das músicas mais bonitas de suas missas: "Noites traiçoeiras".

Depois de passar uma semana desaparecido, o cantor se entregou à polícia no dia 5 de junho de 2002. De uma hora para a outra jogado na prisão, a vida de Marcelo Pires Vieira, o Belo, quase acabou. Arrasado, sentia falta da família e uma saudade enorme de cantar para a multidão. *Pronto, acabou* — pensava. Não conseguiria fazer mais nada. O dia a dia na prisão era uma luta constante contra o pânico diante de um futuro incerto, onde, na melhor das hipóteses, sobreviveria apenas como uma estatística no sistema penitenciário brasileiro.

A infância humilde no bairro da Saúde e na Praça da Árvore, em São Paulo, o cavaquinho dado pela mãe, os primeiros shows aos 14 anos de idade, a batalha para tocar nas rádios... Conseguira quase tudo e perdera. Dos oito anos de condenação por tráfico de drogas e associação para o tráfico, cumpriu três anos e oito meses em regime fechado. "Foi um momento complicado da minha vida. A mesma coisa que você sair do céu e se depositar no inferno", contou o cantor a Regina Casé.

TODO MUNDO MERECE UMA SEGUNDA CHANCE

O desespero só começou a aliviar quando, numa das visitas, a mãe contou que ele se tornara um sucesso nas rádios. Mesmo preso durante tanto tempo, descobriu que ainda tinha público e que as músicas tocavam com força ainda maior. Numa sexta-feira, dia 14 de março de 2008, teve autorização para começar a sair da prisão e fazer dois shows por mês.

Nessa época um convite veio na hora certa. O padre Marcelo Rossi o chamou para cantar "Noites traiçoeiras" no evento "Paz sim, violência não" no autódromo de Interlagos. Estava tudo marcado para 21 de abril de 2008.

Animado com a participação de Belo, seu colega de gravadora, a Sony, o padre Marcelo anunciou o convite feito ao cantor justificando sem rodeios a escolha: "Convidei o Belo para cantar 'Noites traiçoeiras'. Vocês podem me perguntar: por que o Belo? Eu respondo: porque acho que todos merecem uma segunda chance. Sei que o Belo passou por problemas e tenho certeza de que ele vai chorar quando cantar essa música."

Na véspera do evento, uma sexta-feira, dia 18 de abril, a justiça não permitiu que o cantor participasse do show porque ele já chegara ao limite de dois espetáculos permitidos por mês. "Mesmo assim, gravei um vídeo cantando a música e me apresentei pelo telão", conta.

Com o Pão de Açúcar ao fundo, Belo surgiu no vídeo, numa participação que levou a plateia de Interlagos à loucura. O cantor encerrou a música adaptando a letra para a sua história nos últimos versos. Na hora de cantar "E ainda se vier, noite traiçoeira / Se a cruz pesada for, Cristo estará comigo [em vez de "contigo"] / O mundo pode até me [no lugar de "te"] fazer chorar / Mas Deus me [em vez de "te"] quer sorrindo".

Belo não gosta de falar do tempo passado na prisão, mas lembra, agradecido, da atitude do padre Marcelo, de quem ficou muito amigo: "Ele me chamou para cantar uma música que tinha a ver com o meu momento. Eu já conhecia o padre Marcelo e acompanhava suas missas", lembra. "Eu estava vivendo o meu resgate. Tem gente que encontra Deus por amor. Eu fui pela dor. Esse foi um dos momentos mais importantes para mim. Eu precisava me apegar a alguma coisa. O padre Marcelo poderia colocar qualquer outro artista", diz Belo, que na prisão procurou ocupar o tempo com livros, música e oração.

"Cantei nas igrejas de todos os lugares por onde passei", afirma. "Criamos um vínculo", afirma Belo. Se em 2008 o cantor participou da comemoração dos dez anos de evangelização do padre Marcelo, em "Paz sim, violência não", em setembro de 2011, foi a vez de o padre celebrar os dez anos de carreira de Belo num show em Salvador.

"Além de 'Noites traiçoeiras', cantamos também 'Livre sou'. No meu CD tem duas músicas dele. Ele foi também o padre do meu casamento. Para mim a frase mais importante do padre Marcelo nesse dia foi: 'O que Deus une ninguém separa'. O padre Marcelo disse que nós teríamos um casal de filhos", diz Belo, que sempre que pode vai a Teotókos. "Fiz parte de toda a história da construção e criamos um vínculo de amizade."

* * *

Na Bíblia, Deus oferece muitos exemplos de segundas chances. Davi transgrediu a lei, mas foi perdoado. Jonas desobedeceu o Senhor, mas foi salvo por Ele. Marcelo Mendonça Rossi certamente se inspira, acima de tudo e de todos, no Deus misericordioso, generoso e solidário dos católicos. Foi assim que se tornou o maior evangelizador de massas do Brasil. É assim que seguirá em sua trajetória, capaz de iluminar milhões e milhões de pessoas à procura de paz.

Ele mesmo, Marcelo Rossi, concedeu a si mesmo a chance de abrir o próprio coração para a Igreja e compreender qual era sua vocação na vida. O menino de 13 anos, que preferiu continuar a fazer palavras cruzadas a ver o papa João Paulo II, se converteu no homem que tudo vê porque procura manter os olhos bem abertos para as necessidades de seu rebanho.

O PLANO DE DEUS

As missas de fim de semana no Santuário Mãe de Deus são as mais concorridas no roteiro das caravanas que partem de vários cantos do Brasil. Toda quinta-feira, às sete e quarenta e cinco da noite, acontece, entretanto, uma missa especial. Mesmo transmitida pela internet, está sempre repleta e envolve todos com uma atmosfera mágica. Celebrada apenas pelo padre Marcelo, reserva uma surpresa: as velas dos fiéis brilhando no templo de luzes apagadas.

É nessa missa de libertação que se cumpre com muita emoção o objetivo do santuário, verdadeiro oásis para a multidão em prece em pleno caos urbano. De dentro do templo dá para ver os faróis do engarrafamento numa das horas mais movimentadas do trânsito de São Paulo. No horizonte, em alerta, piscam as luzes vermelhas dos carros da polícia. Em Teotókos o clima é de paz, música e alegria. "Pensem nessa missa como se fosse a da primeira comunhão e a última da sua vida", convoca o padre Marcelo, levando os fiéis ao limite máximo da contrição e da entrega.

"VOCÊ QUE É GORDINHO, COLOQUE A MÃO NO PEITO!"

"Tem alguém aqui que está com alguma causa na justiça?", pergunta o padre, avisando: "Prepare-se, na Semana da Santa Cruz vamos colocar na cruz do Senhor todas as suas causas!" Ele continua o ritual lembrando que naquela quinta-feira está rezando para diminuir a discriminação racial. Não esquece de mencionar a discriminação contra os gordinhos: "Você que é gordinho, coloque a mão no peito", pede.

Famílias inteiras, crianças de colo, gente de todas as idades reza e canta com o padre, que se apresenta acompanhado pela banda, auxiliado por dois coroinhas, um menino e uma menina. "Com exceção da vela, qualquer objeto que você erga agora será abençoado", diz o padre, que acredita na força transformadora da Eucaristia e na presença de Jesus e do Espírito Santo.

"Então, erguendo os objetos! Mulheres, balaios! Água, carteira de trabalho... Dignai, Senhor a abençoar, santificar... E esta é a palavra, Senhor: exorcizar! Todos os objetos que estão sendo erguidos agora, mesmo os que eu não citei. E os que estão dentro da bolsa de uma mulher, que só o Senhor sabe! Só Deus!" As pessoas obedecem, erguendo bolsas, carteiras de trabalho e garrafas de água para serem abençoadas.

Depois da comunhão, as luzes se apagam, deixando o santuário imerso num mar de trêmulas chamas, como se uma procissão inteira estivesse parada, em suspenso, à espera de alguma graça. É nesse momento que o padre Marcelo começa a percorrer toda a volta do templo carregando o Santíssimo, ritual fielmente cumprido desde o início do seu sacerdócio, quando o Santuário do Terço Bizantino reunia seus fiéis em galpões e garagens.

"VOCÊ ESTÁ SENDO CURADO!"

Ele começa a caminhada embalado por uma voz feminina, quase em tom de cantiga de ninar. É a mãe, Vilma, que conduz as preces enquanto o filho, Marcelo, segue entre os fiéis. "Você que tinha tanto ódio no coração, se tiver coragem, levante a vela. Tanta gente levantando a vela! Raiva, ódio, mágoa, você está sendo curado. Junto com tudo isso, muito arrepio! Cura, Jesus! Estou de olho fechado. Não vejo onde o meu menino está com Jesus... O meu menino está chegando. Dá um pedacinho de 'Mãezinha do céu', só um pedacinho!", pede a mãe do padre Marcelo. Imediatamente, o coro e a multidão cantam: "Mãezinha do céu / Eu não sei rezar..."

O padre Marcelo Rossi que anda em volta do templo cercado de preces e fiéis está diferente. Cabelos grisalhos, mais sofrido e experiente, amadureceu. A silhueta magra e alta, ligeiramente curva pelo peso do Santíssimo, passa, solene, entre as inúmeras velas que iluminam seu caminho. O personagem pop, cercado de famosos, ficou no passado. A imagem do jovem energético, do rapaz que nem parecia padre, deu lugar à do sacerdote.

O estudante de educação física que um dia descobriu sua vocação para tocar multidões é hoje o reitor de um dos santuários mais visitados do país. O jovem padre que sonhava com uma igreja enorme, sempre de portas abertas para receber seu rebanho, é agora o evangelizador consciente da fragilidade humana longe de Deus. "Você, que vira e mexe tem pensamentos suicidas, sente um vazio. A palavra é essa: um vazio! Deus preenche!", diz à multidão.

A missa termina. Já passa da nove da noite, e os fiéis voltam em paz para suas casas na cidade que vai se acalmando. Os peregrinos entram nos ônibus para continuar a viagem sentindo-se protegidos. Mais um dia do sacerdócio que começou no dia 1º de dezembro de 1994. A previsão, feita na casa da tia há muitos anos, quando pela cabeça do menino Marcelo nem passava a ideia de um dia ser padre, cumpriu-se.

Deus tinha mesmo um plano para Marcelo Rossi.

Este livro foi composto na tipologia Minion
Pro Regular, em corpo 12/17, e impresso em
papel off-white no Sistema Cameron da
Divisão Gráfica da Distribuidora Record.

Foto: Evelson de Freitas/Folhapress

Acima: Padre Marcelo Rossi no "Carnaval de Jesus", em 1999. O evento ocorreu em Jurubatuba, interior de São Paulo, e reuniu mais de 100.000 fiéis.

Ao lado: Padre Marcelo celebra missa apesar de forte chuva.

Abaixo: Vista aérea de multidão de fiéis diante do Santuário do Terço Bizantino durante missa organizada pelo padre Marcelo, em São Paulo.

Foto: Juca Varella/Folhapress

Foto: Cláudio Capucho/Folhapress

Acima: Padre Marcelo Rossi e Agnaldo Rayol cantaram na missa do Dia de Finados realizada no Autódromo de Interlagos, em 2000.

Ao lado: O padre celebrando o casamento do goleiro Rogério Ceni e sua esposa, Sandra Barelli.

Abaixo: Padre Marcelo Rossi emociona os fiéis em missa do Dia de Finados realizada no Autódromo de Interlagos, em 2000.

Acima: Padre Marcelo se apresenta ao lado de Chitãozinho, Xororó, Sandy e Júnior na missa de Finados realizada em Interlagos, no ano de 2000.

Ao lado: Fiéis levantam carteiras de trabalho para receber a benção do padre Marcelo Rossi em missa realizada no Santuário do Terço Bizantino, no Dia do Trabalho, em 2000.

Ao lado, abaixo: Em 2001, o bispo dom Fernando e o padre Marcelo Rossi celebraram a missa de Páscoa no Novo Santuário Bizantino, em Santo Amaro (SP).

À esquerda: Padre Marcelo Rossi fantasiado de goleiro no evento "Folia para Jesus", no qual mais de 35.000 fiéis comemoraram o carnaval de 2007.

À direita: Padre Marcelo concentrado no set de filmagens do longa-metragem *Irmãos de fé*, em 2004.

Acima: Padre Marcelo com seus pais, Vilma e Antônio, em 2007.

Foto: Mastrangelo Reino/Folhapress

Acima: Padre Marcelo Rossi em missa "Paz Sim, Violência Não", no Autódromo de Interlagos, no ano de 2008.

Abaixo: Em 2010, padre Marcelo atendeu aos fãs na fila de autógrafos no lançamento de seu livro best-seller *Ágape*, na XXI Bienal do Livro, no Anhembi, em São Paulo (SP).

Foto: Carlos Cecconello/Folhapress, 4950, ILUSTRADA

Ao lado, acima: Palco do Santuário Mãe de Deus durante sua construção.

Ao lado: Durante missa celebrada em 2012, padre Marcelo Rossi abençoou José Serra, então candidato à prefeitura de São Paulo.

Abaixo: Padre Marcelo durante entrevista na cúria de Santo Amaro.

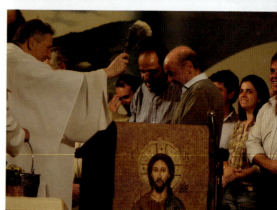

Foto: Leo Martins/Frame/Folhapress

Acima: Padre Marcelo no velório da apresentadora Hebe Camargo, em 2012.

Ao lado: Em 2015, Padre Marcelo deu o pontapé inicial em partida amistosa entre o Corinthians e o Corinthians Casuals, na Arena Corinthians, São Paulo.

Foto: Mauro Horita/Agif/Folhapress

Foto: Arquivo pessoal da autora

Acima: Fiéis estendem as mãos em oração no Santuário Teotókos Mãe de Deus, em junho de 2014.

Abaixo: Momento de oração em missa realizada no Santuário Teotókos Mãe de Deus.

Foto: Arquivo pessoal da autora